국악교육을 통한 전통놀이

- 이론과 실제 -

김옥경 · 이명진

태영출판사

머리말

오늘날 우리는 정치, 경제, 문화, 예술 등 모든 분야가 기계화, 정보화되어 있는 시대에 살아가고 있다. 이러한 시대에 인간 본연의 심성이나 우리의 전통문화 예술교육의 중요성과 함께 소중함을 잃어가게 되는 것에 안타까움을 갖고 유아교육과 함께 국악을 아끼고 연구하는 사람으로 유아를 대상으로 하는 국악교육을 통한 전통놀이의 방법 및 내용에 대해 여러가지 문제점과 많은 연구가 필요하다는 생각을 갖게 되었다.

우리나라는 다른 여러 나라들과는 달리 긴 역사 속에 고유의 민족성과 문화 및 전통사상을 갖고 있다. 이는 참으로 소중하고, 위대한 것이나 정작 우리는 그 진정한 가치를 잊고 살아갈 것이 아닌가 생각된다.

현재 유아 교육기관에서 실시하고 있는 국악교육은 그 교육을 담당하는 교사의 역할이나 교육기관의 환경 그리고 교육내용 등에 미흡한 점이 없지 않다고 생각된다. 특히 국악은 우리의 아픈 민족의 역사로 인해 많은 부분이 잘못 이해되어지고 있다. 이러한 잘못된 부분이 본 서를 통해 조금이나마 올바르게 이해되어지기를 바란다.

특히 국악교육은 유아에게 우리의 전통놀이와 함께 음악문화를 자연스럽게 익히고, 민족적 자부심과 긍지를 가질 수 있게 하는 충분한 역할을 하며 더불어 유아의 인지, 사회 · 정서, 언어, 신체, 수 · 과학, 창의적인 능력 등을 발달시키는데 많은 도움을 준다고 본다.

따라서 본 서에서는 국악에 관한 일반적인 상식과 유아교육기관에서 활동할 수 있는 영역별 교육 내용으로, Ⅰ부에서는 국악교육의 이론을 소개했고, Ⅱ부에서는 전통놀이를 통한 실제 활동을 유아교육기관에서 교사와 유아가 쉽게 할 수 있는 활동과 함께 간단한 사물놀이를 소개했다.

본 서를 통해 많은 사람들이 국악과 전통놀이에 관하여 관심과 흥미를 갖기 바라며, 특히 유아교육을 전공하는 학생이나, 유아교육기관의 교사들에게 많은 도움이 되기를 바란다.

앞으로 부족한 부분은 계속 연구해 보완할 계획이다.

이 책이 출판되기까지 격려와 도움을 주신 소중한 우리들 가족 모두에게 감사와 사랑의 마음을 전하며, 끝으로 태영출판사 관계자 여러분께도 감사의 마음을 전한다.

2008. 2

저자 씀

CONTENTS

제 1 장 유아 국악교육의 이론

제 2 장 유아 국악교육의 실제

Ⅲ. 가을

Ⅳ. 겨울

제 3장 어린이 사물놀이

제 1 장

유아 국악교육의 이론

제1장 유아 국악교육의 이론

1. 국악교육의 개념 및 필요성

1) 개념

유아에게 있어서 국악교육은 국악의 기술을 익히고자 함이 아니라 전래동요, 전통 악기 다루기, 신체 표현하기, 국악 감상 등과 같은 국악교육을 통하여 우리 민족만이 가지고 있는 민족적 정서의 이해와 국악교육을 이용한 통합적 교육의 매개체로서의 기능을 하는 것이 국악교육의 목적이다.

이러한 목적을 바탕으로 국악의 개념을 살펴본다면 국악이란 나라의 언어를 국어라고 하고, 나라의 역사를 국사라고 하듯이 우리의 음악을 국악이라고 한다. 조선조 후기에 정악원에서 서양의 음악이 유입되면서 우리의 음악도 국악이라는 말을 처음으로 사용하게 되었다. 최근의 국악은 예부터 전해 내려오는 우리의 전통음악으로서 전통놀이와 함께 우리 민족의 문화로 발전해 왔으며 현대에 이르러서는 창작 국악 등을 모두 포함한 것을 의미한다. 이러한 포괄적인 면에서 본다면 유아 국악교육이란 유아교육의 한 부분으로서 국악을 통하여 유아에게 민족 문화의 가치와 우수성을 이해하고, 민족적 자긍심을 길러 전통문화를 계승 발전시키는 것이라 하겠다.

2) 필요성

21세기는 글로벌 시대로 이러한 시대에 맞게 요구되어지는 인간은 창조적인 인간이다. 창의적이고 역량 있는 인제를 키워 내기 위해서는 정체성을 확립하는 일이 우선이라고 본다. 우리의 아이들에게 나 또는 자신의 정체성을 길러 주기 위한 방법으로 우리의 전통문화는 중요한 역할을 한다.

전통문화의 중요한 의미를 살펴보면 다음과 같다.

(1) 우리 민족의 전통문화를 전승 발전

이는 민족적 주체성을 함양하는데 있어서 필요한 교육이며 세계화를 향한 정체성을 확립하는데 매우 중요하다고 하겠다. "가장 한국적인 것이 가장 세계적이다"라는 말이 있듯이 우리 문화의 특수성을 알고 우수한 전통문화를 이해시켜 그 맥을 이어가기 위하여 유아기의 전통문화 교육이 필요하다.

(2) 사회, 정서 및 신체 발달

유아가 우리의 전통 음악을 학습함으로써 여럿이 또는 함께 놀이하는 즐거움과 사회, 정서 및 신체발달과 성장을 돕는다. 또한 한국인의 정서가 담긴 가락을 통해 언어의 발달과 함께 상상력을 키우며 민족의 정서를 이해하는데 도움을 줄 뿐 아니라 모국어의 아름다움을 느낄 수 있으므로 그 교육적 가치가 매우 크다고 할 수 있다.

그러므로 유아에게 국악을 이용한 놀이를 할 수 있는 환경을 제공하고 전통놀이와 함께 우리가락을 불러 봄으로써 전통놀이 문화에 대한 새로운 이해와 흥미를 유발 시킬 수 있도록 도와야 하겠다.

(3) 창의적인 인간으로 성장 발달

앞에서 언급했듯이 현 시대가 요구하는 인간은 창의적인 인간이다. 창의성이라 함은 자신이 알고 있는 지식의 바탕 위에서 새로운 것을 만들어 내는 능력을 의미하는데 전통문화 교육에 대한 이해는 유아가 자신의 생각과 감정을 표현하고 새로운 것을 개발하는데 적합한 문화적 도구가 될 수 있다.

(4) 우리 문화에 대한 올바른 지식을 전달

우리의 국악교육의 현실은 성인에게 조차 음악을 접하고 배울 수 있는 기회가 충분하게 주어지지 못했다. 이는 불행한 우리의 역사로 인하여 우리 음악이 많은 부분 왜곡되고 부정시 되어져 왔으며 이러한 영향이 해방 이후부터 지금까지 이어지고 있다고 본다. 해방 이후의 우리 음악교육은 서양의 음악교육으로 가리워져 소외되어 왔으나 근래에는 유아교육에서도 교육과정이 제정되고 현재에 이르기까지 여러 차례 개정되어 오면서 국악에 대한 올바른 지식과 자료의 전달로 많은 유아교육기관에서 국악을 이용한 교육을 활발하게 실시하고 있다.

2. 국악교육의 이론적 배경

1) 국악의 역사

(1) 조선 전기의 음악

고려시대와는 다르게 불교 대신 유교를 중요하게 여겨 이를 정치, 교육의 근본으로 삼았다. 그리하여 건국 초에 아악서와 전악서를 설치하여 조선시대의 음악을 관장 하였다.

건국 초에는 고려시대의 음악을 가사만 고치거나 계속 그대로 사용하였으며 세종대왕에 이르러서 향악의 창작, 악기의 제작, 악보의 창안 및 간행 등 화려한 음악의 번성기를 가졌다.

그러나 연산군에 이르러 근 1세기 동안 쌓아올린 수많은 조선의 음악은 커다란 피해를 보았다. 이후 복원에 노력을 하였으나 남아 있는 음악은 그리 많지가 않다.

(2) 조선 후기의 음악

조선 후기는 임진왜란 후로 나라는 살기가 어려웠다. 따라서 음악은 사치요 먹고 사는 것이 더 큰 문제였다. 그로인해 음악은 발전을 보이지 못한 채 문묘 제향으로 간신히 명맥을 유지하게 되었다. 아악과 정악은 발전을 보이지 못하였으나 민속음악 에서는 많은 분야가 생겼다. 판소리, 잡가, 시나위, 산조, 민요 등 문묘 제례악이나 몇몇의 정악을 제외하고는 현재까지 전해 내려오는 우리 음악의 대부분을 차지한다.

(3) 건국 이전의 음악

고종 31년 갑오경장 이후 서양의 음악과 서양식의 군악대가 들어오면서 국악은 다시 쇠퇴의 길을 걸었다. 선교사들이 들어와 찬송가를 부르기 시작하면서 대중에게도 서양의 음악이 보급되고, 1910년 이화여자 전문학교에서 음악과를 두어 서양음악을 차차 보급하게 되었다. 그리하여 국악은 아악부와 아악부원양성소에서만 그 명맥을 유지하게 되었다. 이 때부터 국악이란 명칭을 사용하게 되었다.

(4) 건국 이후의 음악

1951년 민족 음악의 보존과 계승 발전을 목적으로 국회의 배려에 의하여 국립국악원이 개원되었다.

국립국악원은 국악의 교육, 보급, 다양한 연주 활동, 자료의 제작, 국악의 연구와 창작 활동 등을 꾸준히 하였다. 이후 많은 국악연구소와 국악협회와, 국악학원들이 생겨 국악교육에 힘썼고 현대에 이르러서는 전통음악은 그대로 유지하고 예술은 그 시대를 표현하는 시대적 산물이므로 우리는 새 세대에 맞는 우리 음악을 만들어야 한다는 생각으로 우리 시대의 사상과 감정과 생활을 담은 창작음악을 만들기 시작했다.

2) 국악의 분류

국악을 분류하는 데는 여러 가지의 방법들이 있으나 역사적인 면에서 국악을 분류 하는 데는 보통은 아악과 가악, 그리고 민속악으로 분류를 한다.

아악에는 종묘와 문묘 등 제례음악을 하는 아악과 중국의 음악이 유입되어 우리의 것으로 변화된 당악, 그리고 아악과 당악을 제외한 우리의 음악인 향악으로 나눈다.

가악에는 가곡과 가사, 시조 등이 있다.

민속악으로는 민간 서민들이 즐겨했던 음악으로 산조, 판소리, 범패, 무악, 민요, 풍물 등으로 분류하였다. 그 내용을 살펴보면 다음과 같다.

(1) 아악

① 아악

고려 예종 11년 때 우리나라에 수입된 중국 송나라의 정악을 일컫는다. 그 뒤 우리나라에 궁정에서 행하는 행사 및 공자묘와 그 밖의 연향에 두루 쓰였다. 그러나 여러 난을 거치면서 부족한 악기도 많고 아악의 제도가 어그러진 채 고려가 망하고 조선이 개국하였다. 조선시대 세종대왕 때 박연이 중심이 되어 여러 신하들과 함께 원래에 가깝도록 아악을 정리하였으나 현재는 문묘 제례악이 유일하게 연주되고 있으며 동양에서 가장 오래된 제도의 음악으로 알려져 있다.

② 당악

당악이란 당나라 음악뿐 아니라 송나라에서 들여온 속악을 총칭하는 이름이다. 당악은 중국에서 수입된 것은 사실이나 수입된 그대로 보존되고 있는 것이 아니고 한국식으로 고쳐진 한국화된 것이기 때문에 중국의 음악이라기보다는 한국화된 곡조들이다.

③ 향악

향악은 당악이란 말에 대한 한국음악이란 뜻이다. 그러므로 아악과 당악을 제외한 모든 음악이 여기에 포함된다. 향악은 삼국시대부터 전래되는 모든 음악과 고려시대의 허다한 속악들 그리고 조선시대 초에 새로이 제작된 음악 등을 가리키는 말이다.

(2) 가악

① 가곡

시조시를 사설로 하여 다섯 마루 형태에 얹어 부르는 노래 곡조로서 관현악 반주에 의하여 연주된다.

② 가사

조선 중기 이후부터 왕성하게 불리던 장편 가사의 노래 곡조로서 한 곡조에 여러 가사를 얹어 부르는 시조와는 달리 정해진 곡조에 정해진 사설만을 노래한다. 현재 12가사가 전승되고 있다. 가사의 연주는 주로 장구의 장단만을 사용하여 혼자 부르지만 반주를 할 경우는 세피리, 대금, 해금 등의 가락을 이용하기도 한다.

③ 시조

초 · 중 · 종의 3장 형식의 짤막한 곡으로 사설을 3장 형식에 얹고 한 장단이 5박 또는 8박으로 되어 있는 장단에 맞추어 부르는 노래를 말한다. 시조는 역동성과 요성을 생명으로 한다.

(3) 민속악

① 산조

약 80여 년 전 전남 영암의 율객이던 김창조에 의하여 처음 가야금 산조가 생긴 뒤에 많은 명연주가 들이 탄생하였다. 주로 남도의 시나위 가락을 일정한 장단의 틀에 넣어 연주하는 기악 독주곡의 하나이며, 각각의 악기로 확대되어 해금, 대금, 피리, 거문고, 아쟁 등 다양한 산조로 발전되고 있다.

② 판소리

서민 음악의 한 부분으로 남도 특유의 성악곡이다. 판소리는 다양한 장단에 소리가락으로 서사시적인 사설을 붙여 가며 부르는 것이다. 그리고 가끔 아니리와 발림을 작품의 극적인 내용에 따라 섞어서 한다. 이때 고수는 북으로 장단과 추임새를 하는 반주자며 지휘자 이어서 "일 고수 이 명창"이라는 말이 예부터 전해진다. 원래 판소리는 12마당이 있었으나 현재는 다섯 마당이 전해져 오고 있다(춘향가, 적벽가, 수궁가, 흥부가, 심청가).

③ 범패

법악에서는 성악을 범패라 하고 인도 소리, 범음, 법성이라고도 부르며 절에서 제를 올릴 때 쓰이는 노래이고 가곡, 판소리와 함께 우리나라 3대 성악곡 중의 하나이다.

④ 무악

우리나라에서 여러 가지 신령을 받들고 섬기는 민간 신앙으로부터 깊은 관련을 가지고 신과 인간간의 제 행사에 중용되어온 음악이다.

⑤ 민요

민족 정서의 희 · 로 · 애 · 락에 대한 자연 발생적 표현이요, 시대의 반영이다. 민요는 일반 대중들 사이에서 구전으로 내려오는 전통적인 소박한 노래이다. 누가 언제 만들었는지는 몰라도 오랜 시간을 내려오면서 고쳐지고 다듬어져 민족 특유의 감정을 자연스럽게 표현하는 노래이다. 우리나라 민요는 지방색이 짙어 음정에서도 지방마다 독특한 점을 지니고 있다. 그 내용도 노작가가 많이 있고 불교적인 염불과 무속적인 내용, 부녀자의 안방노래, 풍습노래, 애정노래 등이 극히 소박하고 자연스럽게 엮어져 있다. 지역에 따라서는 경기민요, 서도민요(황해도, 평안도), 동부민요(강원도, 충청도, 경상도), 남도민요(전라도), 제주민요 등으로 나뉘어진다.

⑥ 풍물

농사일에 능률을 올리기 위하여 혹은 노고를 위안하기 위하여 연주되는 순수한 민속 예술로서 꽹과리, 징, 장구, 북, 소고, 나발, 자바라, 태평소 등 거의가 타악기로 구성된다. 또한 풍물은 노래, 춤, 음악, 놀이의 종합 예술로 풍물놀이, 풍물굿이라고도 한다.

풍물은 지역의 음악적 특색에 따라서 경기, 강원, 영서, 충청 북부 지방의 웃다리 풍물과 전라 동부 산간 내륙지방의 좌도 농악과 전라 서부 평야의 우도 농악을 일컫는 호남 풍물굿, 경상도의 영남 풍물굿, 강릉 농악의 대표적인 아랫다리 풍물 등으로 나눈다.

풍물은 일반적으로 1차 길군악, 2차 반삼채, 3차 도드리, 4차 사모 잡이, 5차 반영산, 6차 지화굿, 7차 호호굿, 8차 등맞이굿, 9차 굿거리굿, 10차 달거리~집구리굿, 11차 허튼굿, 12차 영산~개인놀이로 구성되는 것이 보편적이다.

3) 전통음악의 특성

전통음악은 우리의 고유한 음악으로 우리에게 익숙한 서양의 음악과는 다른 여러 가지의 특성을 지니고 있다. 그 특성을 살펴보면 다음과 같다.

첫째, 전통음악은 화성이 없는 단선율의 수평적 음악이다.
둘째, 5음 음계 혹은 3음 음계로 이루어진 음악이다.
셋째, 국악은 곡선의 음악미를 가지고 있다.

넷째, 요성과 농현의 표현이 주된 요소로 나타난다.
다섯째, 장단 중심의 음악이라고 할 만큼 장단이 중요한 역할을 한다.
여섯째, 주로 강박(합장단)으로 시작하여 약박으로 끝난다.
일곱째, 음악의 속도는 한 숨을 기준으로 한다.
여덟째, 국악은 12율명의 고유한 음이름과 독특한 기보법을 가지고 있다.

4) 전통악기의 분류

서양 음악에서는 악기를 그 음악상의 요소에 따라서 악기의 음향악상, 또는 연주법상의 목적으로 하는 현악기, 관악기, 타악기 등으로 분류하고 있다. 현악기는 줄을 울려 소리를 내는 악기로 가야금, 거문고, 해금, 양금 등의 종류이고, 관악기는 입으로 불어서 소리를 내는 취악기로서 대금, 피리, 단소 등이며, 타악기는 치거나 흔들어서 소리를 내는 악기로서 장고, 좌고 등의 북 종류의 악기를 말한다. 한국의 악기도 이러한 분류법으로 충분히 나눌 수 있고 현재는 이러한 분류법으로 많이 사용되고 있다. 또한 우리나라는 옛 문헌에 따르면 악기를 재료에 따라서 여덟 종류로 세분한 내용이 있다. 그 내용은 다음과 같다.

① 금부(金部) 악기 : 편종, 특종, 방향 등
② 석부(石部) 악기 : 편경, 특경 등
③ 사부(絲部) 악기 : 금, 슬, 거문고, 가야금, 해금 등
④ 죽부(竹部) 악기 : 대금, 중금, 소금, 피리 등
⑤ 포부(匏部) 악기 : 생황
⑥ 토부(土部) 악기 : 훈, 부 등
⑦ 혁부(革部) 악기 : 좌고, 대고, 장구 등 북 종류의 악기
⑧ 목부(木部) 악기 : 축, 어, 박 등

3. 국악교육의 목적 및 목표

유아 국악교육은 국악적인 기술을 익히게 하는 것이 아니라 유아의 다양한 생각을 통해 자발적이며 창의적인 활동을 하게 함으로써 정서적 안정감과 심미감을 기르고 국악에 대한 이해를 돕고 우리민족 고유문화로서의 자긍심을 갖도록 하며, 유아의 신체, 언어, 인지, 사회, 정서발달 등의 통합적인 발달을 목적으로 한다.

유아 국악교육의 목표는 다음과 같다.

1) 유아의 인지 능력을 향상

① 자연 및 사회 현상을 관찰, 비교, 분류, 서열짓기, 해석, 요약 등 지적 발달을 도우며 사물의 본질을 깨닫고 주변 환경에 자신의 행동을 적응시켜 나간다.
② 논리 수학적 사고의 기초 능력을 배양한다.
③ 변화 있는 상황을 스스로 생각하게 함으로써 문제해결 능력을 기르게 한다.
④ 수 와 색, 등의 여러 가지 기본 개념을 익힌다.
⑤ 읽기, 쓰기, 과학, 사회 및 여러 영역과 통합교육을 할 수 있게 한다.

2) 유아의 신체 발달

① 근육의 발달과 신체 각 부분의 균형 있는 발달을 도모한다.
② 음의 고저와 길이, 강박과 약박에 따라서 신체적으로 적절한 반응을 한다.
③ 악기를 다루면서 힘의 조절 능력과 손과 눈의 협응력을 키워 준다. 또한 자신의 몸을 탐색하고 활동하며 대 · 소근육이 발달된다.

3) 유아의 사회성 발달

① 또래와 어울려 규칙을 만들기 위해 자신의 생각과 행동을 조절하며 규칙을 따

르는 과정에서 상호 의존성과 존중의 가치를 자연스럽게 깨닫게 된다.

② 규칙이 있는 전통놀이를 통해 역할 이행, 경쟁, 양보, 공정성과 같은 사회적 기술과 태도를 자연스럽게 경험하여 문제해결 능력을 키운다.

③ 타인의 노래, 연주, 표현을 자신과 비교할 수 있는 능력을 향상시킨다.

④ 타인의 권리와 의견을 존중하는 태도를 발달시킬 수 있다.

⑤ 우리 음악의 아름다움을 이해하고 전통문화의 소중함과 환경보호의 필요성을 알게 되어 가족, 사회, 국가 등의 공동체의식을 돈독히 할 수 있다.

4) 유아의 언어 발달

① 놀이와 동요에 관련된 어휘의 개념을 습득할 수 있다.

② 다양한 어휘들이 포함된 노래를 부르거나 음악 감상, 노래 게임 등을 통하여 언어 능력을 발달시킬 수 있다.

③ 타인의 말을 바르게 이해하고 자신의 생각을 정확하게 표현할 수 있는 언어 능력이 발달된다.

5) 유아의 정서 발달

① 모든 놀이가 그렇듯 유아는 전통놀이에서 놀잇감을 맞추고, 뛰고, 달리며, 쫓고, 숨고, 뒹굴며, 밀고, 당기고, 여럿이 함께 움직이면서 자신의 생각을 자연스럽게 표현한다.

② 자신감, 성취감, 자부심 등과 더불어 자긍심, 독창성, 자율성, 안정감 등을 키운다.

③ 전통놀이를 통해서 자신이 갖고 있는 부정적인 감정 및 정서를 해소하고 긍정적인 자아개념이 형성된다.

④ 행복하고 평화로움을 느낄 수 있도록 한다.

⑤ 정서적 감정이 풍부해진다.

⑥ 음악의 아름다움을 이해하고 심미적인 감정과 생활의 즐거움을 느낄 수 있도록 한다.

⑦ 타인과의 감정조절이 용이해지며 자신의 욕구 조절이 가능해진다.
⑧ 자신과 타인을 이해하고 존중하는 태도를 가지며, 새로운 일에 호기심을 갖고 자신의 일을 선택하고 결정하는데 만족스럽게 생각하도록 한다.

6) 유아의 창의적 발달

① 놀이를 통해서 실현될 수 없는 비현실적인 욕구를 극화함으로써 긴장을 해소할 뿐 아니라 나름대로 상상의 세계를 펼칠 수 있다.
② 탐색과 실험 등 다양한 경험을 제공함으로써 창의적인 표현력과 논리적인 문제 해결 능력을 길러 준다.
③ 호기심을 갖고 능동적으로 활동을 하게 되어 자신감을 갖게 된다.
④ 상상놀이는 유아의 창의성을 발달시킬 수 있다.
⑤ 전통놀이를 통해 확산적인 사고 능력을 키울 수 있다.

4. 국악교육의 내용

1) 내용

(1) 듣기 교육

아기는 어머니 뱃속에서 어머니의 심장소리와 외부의 소리를 듣는다고 한다. 이후 태어난 아기는 어머니의 자장가소리에 반응하며 주변의 여러 소리와 접하게 된다. 모든 음악적 경험의 시작인 셈이다. 이러한 음악적 경험이 음악적 능력 발달의 기초를 제공하는 것이다. 따라서 유아는 다양한 음악을 듣는 것이 음악의 고정화를 탈피하는 길이라 하겠다.

그러한 음악적 경험 중 국악의 경험으로는 소리 탐색과 감상이 주로 이루어지는데 유아의 소리 탐색은 악기를 직접 두드려서 소리를 내어 보고, 각각의 악기의 연주 방법과 악기의 재료에 따라서 소리의 차이를 알아보고, 같은 소리와 다른 소리의 구별, 비슷한 소리 찾기 등의 다양한 활동을 할 수 있다고 하겠다. 따라서 연령이 낮은 유아는 간단한 타악기를 연주해 보고 점차 연령이 높아질수록 다양한 타악기의 연주를 할 수 있도록 교육을 하는 것이 바람직하겠다.

유아의 감상교육은 좋은 음악곡을 감상하는 것도 중요하겠지만 유아들의 일상적인 생활에서 듣는 것이 가장 좋다고 하겠다. 예를 들면, 아침에 유아들이 등원하면 있는 자유놀이 시간에 배경음악으로 조용히 음악을 틀어 주거나, 수업 중에 교사가 국악기를 이용하여 반주나 장단 치기, 신호용 악기소리로 소리를 들려주거나, 국악박물관의 견학 등의 여러 방법으로 자연스럽게 감상의 기회를 주는 것이 적절하다 하겠다. 또한 이야기가 있는 국악곡의 감상을 통하여 극놀이로의 연계활동이나 언어활동, 미술활동, 표현활동 등의 다른 활동들과의 통합적인 교육으로 확장시키는 것이 바람직하겠다.

(2) 노래 부르기

유아에게 노래는 빼놓을 수 없는 중요한 활동 중의 하나이다. 유아는 스스로 노래를 부르는 것을 즐겨하기도 하고, 다른 사람의 노래를 듣는 것도 매우 좋아한다. 따라서 유아가 부르기 쉽도록 리듬과 가락 등의 음악적 요소를 고려하여 노래를 선정해야 한다. 유아는 이야기가 있는 노래를 좋아하고, 자신과 관련된 노래를 좋아한다. 예를 들면, 자신의 이름이 들어가는 노랫말이 좋은 예일 것이다. 또한 일상 경험을 다루는 내용, 반복되는 단어 등을 이용한다면 효과적인 노래부르기 활동이 될 것이다.

또한 유아의 리듬에 대한 반응 중 3박자에 대한 반응이 4박자에 대한 반응보다 높게 나타난다는 연구의 결과가 있다. 이는 3박자에 기초한 국악이 유아의 발달적 특성에 적절하다고 볼 수 있는 좋은 예이다. 따라서 유아의 노래부르기 교육에는 전래동요나, 민요, 창작 국악동요가 적절하다고 볼 수 있다. 특히 전래동요나 민요는 주로 5음 음계의 음역을 가지고 있어서 음역에 있어서도 성인 보다 음역이 좁은 유아에게 더욱 효과적이라 하겠다.

(3) 악기다루기

유아기는 일생을 통해서 모든 종류의 음악에 대한 선호 경향이 가장 개방적인 시기로 일정한 음악 종류에 대해 선호를 형성하지 않는다고 한다. 따라서 이 시기에는 많은 다양한 소리의 경험이 이루어 져야 한다. 유아가 다양한 악기를 다루면 만족감과 함께 자신의 능력에 대한 자부심을 갖게 될 것이며, 악기를 다루면서 자신의 감정을 시원하게 표현하는 기회를 갖게 될 것이다.

유아는 소리가 나는 악기에 매우 흥미를 느낀다. 그러므로 유아에게 악기의 탐색하고 경험할 수 있는 기회를 주는 일은 매우 중요한 일이다.

(4) 표현활동

국악교육에서 음악과 신체의 움직임은 많은 연관을 가지고 있다. 동작을 표현함에 있어서는 규칙적인 동작의 표현과 창의적인 동작의 표현을 들 수가 있는데 우리는 창의적인 동작 표현에 더 많은 관심을 가진다. 왜냐하면 음악을 듣고 난 후에 유아가 느낀 그대로의 표현을 존중하기 때문이다.

국악기 중에 사물악기가 있다. 그 사물악기는 북, 장구, 징, 꽹과리이다. 여기서 북은 구름에 비유되고, 장구는 비에 비유되고, 징은 바람에 비유되고, 꽹과리는 천둥 번개에 비유된다. 유아는 이러한 소리를 듣고 그 소리에 맞춰 자신이 느낀 대로 신체를 움직여 창의적으로 표현을 한다. 이러한 음악과 신체 표현을 결합한 교수방법은 매우 효과적이라 하겠다.

창의적인 동작활동은 최근 유아 동작 교육에서 많이 강조되고 있는 부분이다.

이러한 사항을 고려하여 국악 감상이나 전래 동요 부르기 등과 같은 활동을 통해 자신의 신체를 표현하는 기회를 가짐으로써 유아들이 국악의 특징인 리듬과 가락 등 우리 문화를 자연스럽게 익힐 수 있도록 돕는 것이 바람직하겠다.

국악교육의 내용을 요약하면 다음과 같다.

〈표 1〉 유아 국악교육의 내용

듣기교육	① 다양한 질적으로 우수한 음악곡을 선택한다. ② 멜로디가 있는 음악 뿐 아니라 자연의 소리, 사람의 소리, 동물의 소리, 이야기가 있는 음악 등 다양한 소리를 들려준다. ③ 유아가 신체적으로 움직여 창의적 표현을 할 수 있도록 리듬이 있는 곡을 선택한다. ④ 유아가 자연스럽게 상상할 수 있도록 유아와 관련되어 연상과 상상이 가능한 곡을 선택한다.
노래부르기	① 연령에 적합한 곡을 선정한다. ② 교사 자신이 부를 수 있는 곡을 선정한다. ③ 곡의 가락과 가사, 즉 내용을 검토한다. ④ 유아의 일상생활과 가까운 내용의 노랫말을 선정한다. ⑤ 유아의 음역을 충분히 고려하여 선정한다. ⑥ 반복적인 노래를 선정한다.
악기다루기	① 악기 탐색 시간을 충분히 준다. ② 악기 탐색의 기회를 충분히 주어 자주 접할 수 있도록 한다. ③ 유아에게 익숙한 노래나 음악을 활용한다. ④ 다른 사람의 연주 소리를 들을 수 있도록 한다. ⑤ 한 번에 한 가지씩의 악기를 소개한다. ⑥ 한 종류의 악기를 여러 개 준비한다. ⑦ 일상생활에서 쉽게 볼 수 있는 악기를 다루게 한다.
표현활동	① 유아의 동작 표현을 그대로 인정해야 한다. ② 교사가 절대 먼저 시범을 보이지 않는다. ③ 개방적이고 안전하며 편안한 환경을 구성한다. ④ 교사는 적극적인 참여자가 되어야 한다.

2) 국악기

(1) 장구

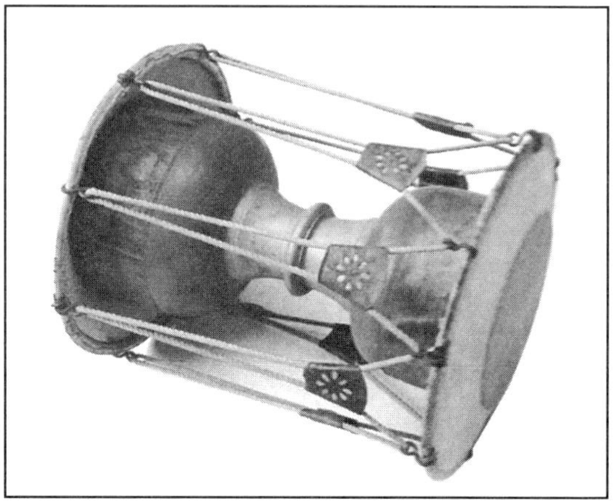

장구는 허리가 얇다 하여 세고요라고도 한다. 양쪽 가죽을 편이라고 하는데 보통은 개가죽, 소가죽, 말가죽 등을 사용한다. 그리고 양면을 받쳐 주는 통은 소나무, 오동나무, 미루나무 등의 속을 파내어 쓴다. 장구는 오른손에 약 40여cm의 채를 쥐고 채편을 치는데 채편을 치는 법에는 두 가지가 있다. 하나는 복판을 치는 경우와 또 하나는 변죽(가장자리)을 치는 경우다. 관악 합주와 농악, 풍물, 사물놀이에서는 채편의 복판을 치고 독주, 잡가, 민요, 산조에서는 약간의 예외를 빼고는 거의가 음량이 약한 채편이 변죽을 친다. 연주법은 채편과 북편을 동시에 치는 것과 채로 치는 채편, 왼손으로 치는 북편이 있다.

(2) 북

북은 세계적으로 가장 보편화되어져 있는 악기이다. 잔가락이 없고 정박을 중심으로 치기 때문에 남성적이며 음악에 있어서 여유가 있다. 또한 춤을 출 때나 풍물 사물놀이에서 음악을 풍성하게 도와준다. 북은 주로 농악, 풍물, 사물놀이 및 산조나 시조, 판소리 등의 음악에서 장단의 역할도 한다.

(3) 징

음악에서 특별한 효과를 내기 위해 사용되는데 음악의 클라이맥스에 연주되기도 한다. 오래 지속되는 음의 묘사나 진동의 의미를 보여 주기에 뛰어난 악기며 털로 만든 채나 금속채로 튀기듯이 쳐서 소리를 낸다. 농악이나 풍물, 사물놀이에서는 매 장단의 첫 박에 많이 치는 타악기로 왼손으로 징의 손잡이를 잡으며 오른손으로 징채를 들고 징의 복판을 친다.

(4) 꽹과리

일명 깽쇠라고 불리는데 농악에서는 으뜸가는 리듬악기로 주도적인 역할을 한다. 꽹과리를 치는 사람을 상쇠라고 부르는데 연주법은 크게 대점을 칠 때는 꽹과리 복판과 직각으로 하며 잔가락을 칠 때는 복판과 나란히 굴려 친다. 소리를 올려 칠 때는 왼손 바닥을 꽹과리 안 복판에 떼고 치고, 소리를 뚝뚝 끊어 칠 때는 왼손 바닥을 꽹과리 안 복판에 대고 친다.

(5) 자바라

얇은 놋쇠로 된 2개의 원반을 양손에 들고 이를 맞추어 소리를 내는 악기로서 절에서 쓰는 동발이나 향발과는 크기는 다르지만 그 쓰임새는 같은 종류의 악기로 보여진다. 현재는 대취타, 불교음악과 무용, 무악에 주로 쓰이며 일명 바라, 제금이라고도 쓰인다. 관현악 편성에도 쓰이며 음악의 악센트를 주기 위해서 많이 쓰이며 유아들도 흥미를 갖고 다룰 수 있는 악기이다.

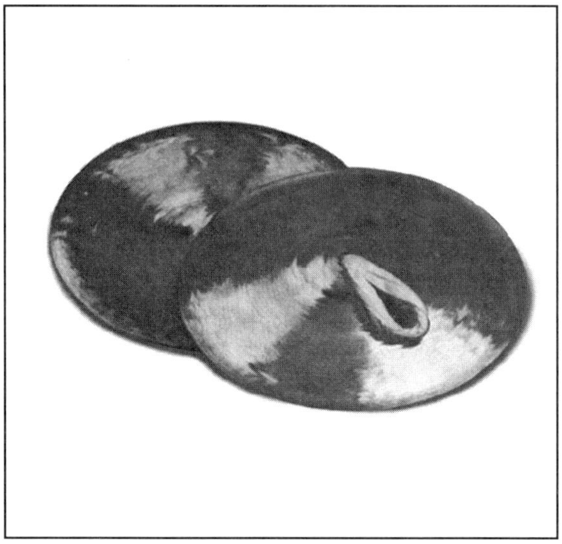

(6) 소고

유아교육기관과 초등학교에서 가장 많이 사용되는 악기로 풍물놀이에서 상모놀이나 소고춤을 출 때 사용하는 작은북이다. 연령이 낮은 유아도 쉽게 연주할 수 있는 악기이다.

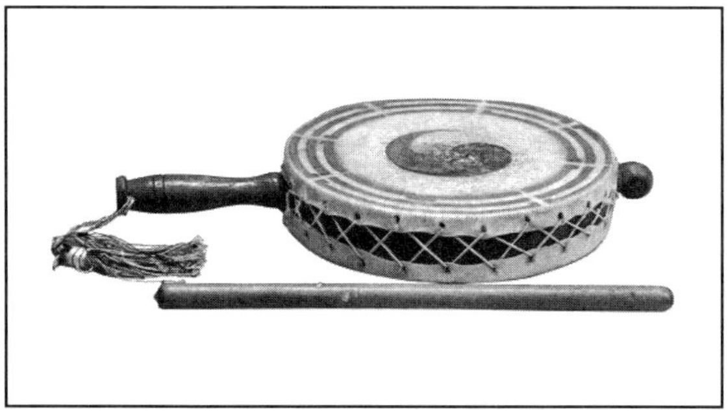

3) 장단

(1) 장구의 구음 및 부호

부호	명칭	구음	연주 요령	음표
⦶	합장단	덩	채편과 북편을 동시에 침	
◯	북편	쿵	왼손으로 북편을 침	
|	채편	덕	오른손으로 채편을 침	
⋮	채굴림	더러러러	오른손 채로 채편을 굴림	
i	겹채	기덕	오른손 채로 채편을 겹쳐 침	
·	채찍음	더(따)	오른손 채로 채편을 찍음	
×	맺음	딱	오른손으로 채편의 변죽을 침	

*덕 – 반주 장구에 주로 쓰인다. *따 – 설장구와 사물놀이 장구에서 쓰인다.

(2) 인사굿 장단

풍물과 사물놀이에서 연주자가 시작과 끝에서 인사를 할 때 인사굿을 치고 인사 한다.

장구부호	⦶	⦶		⦶	⦶		⦶⦶	⦶	⦶	⦶		·
말장단	안	녕		안	녕		안녕	하	세	요		
	감	사		감	사		감사	합	니	다		
장구구음	덩	덩		덩	덩		더더	덩	덩	덩		따
꽹과리	갱	갱		갱	갱		개개	갱	갱	갱		깩
북	둥	둥		둥	둥		두두	둥	둥	둥		따
징	징			징			징			징		
채편 12	♪	♩		♪	♩		♫	♪	♪	♩		♪
북편 8	♪	♩		♪	♩		♫	♪	♪	♩		

인사굿이 끝나면 징을 치면서 모두 같이 인사한다.

(3) 굿거리 장단 (3분박 4박 - 12/8)

장구부호	⦶		i	○	⁞		○		i	○	⁞	
장구구음	덩		기덕	쿵	더러러러		쿵		기덕	쿵	더러러러	
꽹과리	갱		개갱	갱	개개개개		갱		개갱	갱	개개개개	
북	둥		둥	둥		둥	둥		둥	둥		둥
징	징											
채편 12	♩		♪	𝄾	♬♬		𝄽		♪	𝄾	♬♬	
북편 8	♩		𝄾	♪	𝄽		♩		𝄾	♪	𝄽	

① 변형 장단 (1)

부호	⦶		i	○		i	i	○		|	○	|
구음	덩		기덕	쿵		기덕	기덕	쿵		덕	쿵	덕

② 변형 장단 (2)

부호	⦶		|	⦶	⁞		⦶		|	○	⁞	
구음	덩		덕	덩	더러러러		덩		덕	덩	더러러러	

(4) 세마치 장단 (3분박 3박 - 9/8)

장구부호	⦶			⦶		|	○	|	
장구구음	덩			덩		덕	쿵	덕	
꽹과리	갱			갱		개	개	갱	
북	둥			둥			둥		
징	징								
채편 9	♩.			♩		♪	𝄾	♩	
북편 8	♩.			♩		𝄾	♪	𝄽	

① 변형장단 (1)

부호	⦶			○		|	○	|	
구음	덩			쿵		덕	쿵	덕	

② 변형 장단(2)

부호	⦶			⦶			|		
구음	덩			덩			덕		

(5) 자진모리 장단 (3분박 4박 - 12/8)

장구부호	⦶			⦶			⦶		|	○	|	
	⦶	⦶		⦶			⦶		|	○	|	
장구구음	덩			덩			덩		덕	쿵	덕	
	더	덩		덩			덩		덕	쿵	덕	
꽹과리	갱			갱			갱		개	개	갱	
	개	갱		갱			갱		개	개	갱	
북	둥			둥			둥			둥		
	둥			둥			둥			둥		
징	징											
	징											

채편 12

북편 8

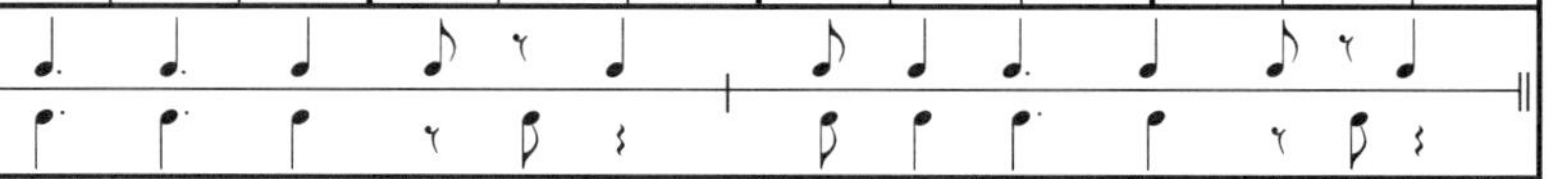

① 변형 장단 (1)

부호	⦶		|	○	|		○		|	○	|	
구음	덩		덕	쿵	덕		쿵		덕	쿵	덕	

② 변형 장단 (2)

부호	⦶		|	⦶		|	⦶		|	○	|	
구음	덩		덕	덩		덕	덩		덕	쿵	덕	

(6) 휘모리 장단 (2분박 4박 - 4/4)

장구부호	⦶		⦶		○	ㅣ	○	
장구구음	덩		덩		쿵	덕	쿵	
꽹과리	갱		갱		갱	개	갱	
북	둥		둥		둥		둥	
징	징				(징)			
채편 4	♩		♩		𝄾	♪	𝄽	
북편 4	♩		♩		♪	𝄾	♩	

① 변형 장단 (1)

부호	⦶		ㅣ	ㅣ	○	ㅣ	○	
구음	덩		덕	덕	쿵	덕	쿵	

② 변형 장단 (2)

부호	⦶		⦶		⦶		·	
구음	덩		덩		덩		따	

(7) 동살풀이 장단 (2분박 4박 - 4/4)

<table>
<tr><td rowspan="2">장구부호</td><td>⦶</td><td></td><td>⦶</td><td></td><td>⦶</td><td>⦶</td><td>|</td><td>|</td></tr>
<tr><td>⦶⦶</td><td>⦶</td><td>⦶⦶</td><td>⦶</td><td>⦶</td><td>⦶</td><td>|</td><td>|</td></tr>
<tr><td rowspan="2">장구구음</td><td>덩</td><td></td><td>덩</td><td></td><td>덩</td><td>덩</td><td>덕</td><td>덕</td></tr>
<tr><td>더더</td><td>덩</td><td>더더</td><td>덩</td><td>덩</td><td>덩</td><td>덕</td><td>덕</td></tr>
<tr><td rowspan="2">꽹과리</td><td>갱</td><td></td><td>갱</td><td></td><td>갱</td><td>갱</td><td>객</td><td>객</td></tr>
<tr><td>개개</td><td>갱</td><td>개개</td><td>갱</td><td>갱</td><td>갱</td><td>객</td><td>객</td></tr>
<tr><td rowspan="2">북</td><td>둥</td><td></td><td>둥</td><td></td><td>둥</td><td>둥</td><td></td><td></td></tr>
<tr><td>두두</td><td>둥</td><td>두두</td><td>둥</td><td>둥</td><td>둥</td><td></td><td></td></tr>
<tr><td>징</td><td>징</td><td></td><td></td><td></td><td></td><td></td><td></td><td></td></tr>
<tr><td>채편 4</td><td colspan="8">♩♩ ♪♪ ♪ ♪ ♬♪ ♬♪ ♪♪ ♪♪</td></tr>
<tr><td>북편 4</td><td colspan="8">♩♩ ♪♪ 𝄾 𝄾 ♬♪ ♬♪ ♪♪ 𝄾𝄾</td></tr>
</table>

⊙ 변형 장단 (1)

<table>
<tr><td rowspan="2">부호</td><td>⦶</td><td>||</td><td>⦶</td><td>||</td><td>⦶</td><td>⦶</td><td>|</td><td>|</td></tr>
<tr><td>⦶⦶</td><td>⦶</td><td>⦶⦶</td><td>⦶</td><td>⦶</td><td>⦶</td><td>|</td><td>|</td></tr>
<tr><td rowspan="2">구음</td><td>덩</td><td>더더</td><td>덩</td><td>더더</td><td>덩</td><td>덩</td><td>덕</td><td>덕</td></tr>
<tr><td>더더</td><td>덩</td><td>더더</td><td>덩</td><td>덩</td><td>덩</td><td>덕</td><td>덕</td></tr>
</table>

4) 교사의 역할

유아의 국악 활동에 있어서 교사의 역할은 매우 중요하므로 교사는 유아에게 다양한 악기를 통한 활동의 기회를 제공해 주어야 하며 유아가 어떻게 느끼고 경험하고 반응하는지를 파악해야 한다. 또한 각 유아의 발달과 음악적 기술의 수준 뿐 아니라 유아에게 친숙한 생활환경 및 경험, 그리고 전통악기의 이해 정도까지를 알고 있어야 한다. 효과적인 교사의 역할을 정리하면 다음과 같다.

(1) 안내자로서의 역할

유아가 자신의 느낌이나 생각을 자유롭게 표출할 수 있도록 허용적인 분위기를 만들어야 한다.

(2) 동기부여자로서의 역할

유아는 자기 나름대로의 상징적인 표현이 어려우므로 유아가 자유롭게 탐색하고 실험하고 발견해 보는 것을 지속할 수 있도록 동기를 부여해야 한다.

(3) 상호작용자로서의 역할

국악교육 활동시 교사와 유아의 상호작용은 매우 중요하다. 상호작용의 방법은 모델링, 행동의 기술, 행동 제시의 방법을 혼합하여 사용하는 것이 바람직하겠다.

(4) 계획자로서의 역할

교사는 유아가 충분히 활동을 할 수 있도록 환경의 구성과 필요한 교재, 교구와 구체적인 활동을 선정하여 계획하여야 한다. 집단의 크기와 활동의 목표와 무엇을, 언제, 어떻게, 어디서 활동할 것인지를 고려해야 한다. 또한 각 유아의 생활 환경적 특성 및 개별적 발달을 고려하여 계획하여야 한다.

(5) 참여자로서의 역할

교사는 유아를 지도함에 있어서 교사 자신도 유아와 함께 모든 활동에 참여해야 한다. 교사는 자신이 유아의 활동에 흥미를 가지고 열정적으로 참여한다면 그 교육적 효과는 매우 높다고 할 수 있다. 이러한 교사의 긍정적인 태도는 유아의 모든 활동에 있어서 성공의 결정적인 역할을 한다.

(6) 관찰자로서의 역할

유아의 수업이 유아에게 적절한지 너무 어렵지는 않는지, 유아의 요구와 관심이 어떠한지 등을 살펴보아야 한다. 그래서 교사는 수업의 내용을 확장 또는 조정할 수 있다.

5) 환경 구성

국악교육을 위한 환경 구성은 유아가 풍부하게 국악 활동을 접할 수 있도록 해야 하는데 큰 의미가 있다.

Frost에 의하면 유치원의 흥미영역은 네 개의 영역으로 나눈다. 제 1 영역은 건조하고 조용한 곳, 제 2영역은 건조하고 활동적인 곳, 제 3영역은 조용하고 물이 있는 곳, 제 4영역은 활동적이고 물이 있는 곳으로 구분된다. 국악교육 활동을 위한 영역으로는 건조하고 활동적인 제 2영역이 적합하다. 국악교육의 활동영역은 적목영역이나, 소꿉놀이 영역에 가까운 곳에 배치하여 창의적인 움직임과 상상놀이에 상호 자극을 받도록 하는 것이 좋으나 듣기 활동을 할 때는 조용하고 집중할 수 있는 장소를 선택해야 한다. 유아에게 사용하는 국악기는 유아용으로 준비하여야 하고 국악기를 연주할 때는 소리가 큰 경우가 대부분이므로 실내 교실 보다는 율동실이나 체육실, 강당 등을 이용하는 것도 바람직하다. 또한 국악놀이는 계절과 날씨를 고려하여 실외활동을 하는 것도 좋은 방법이다.

환경을 구성할 때의 고려 사항은 다음과 같다.

(1) 독립된 공간

다른 흥미영역과 구분이 되어야 한다. 음악을 하는 동안 특별한 공간으로 인식되어야 한다.

(2) 넓은 공간구성

국악 활동은 악기 연주 및 노래부르기 뿐 아니라 음악에 맞추어 다양한 신체 표현과 함께 게임 활동을 할 수 있는 넓은 공간을 마련해야 한다.

(3) 다양한 악기

준비할 수 있는 한 다양한 악기를 배치하고 유아에게 골고루 경험할 수 있도록 충분한 양의 악기를 준비한다. 악기는 2~3주마다 바꾸어 주는 것이 바람직하며, 악기는 유아가 한눈에 볼 수 있도록 적절한 위치에 배치한다.

(4) 국악활동을 위한 소품

VTR, CD플레이어, 녹음기, 오디오 등 유아에게 필요한 시청각 자료 및 사진 자료, 그림 자료, 감상곡 등 다양한 시청각 자료 및 소품을 준비한다.

(5) 실내환경 구성

① 국악기

유아용 장구, 소고, 북, 목탁 등 일상생활에서 흔히 볼 수 있는 두드릴 수 있는 것(냄비, 프라이 팬, 쇠그릇 등)

② 시청각 자료

녹음기, CD플레이어, 시청각 자료로 필요한 VTR, TV, 컴퓨터, 프린터, 악기 사진(연주하는 모습의 사진 및 동영상, 음악을 듣는 모습, 유명한 국내외 연주가 사

진), 여러 종류의 감상곡 등

③ 소품

무용에 필요한 소품들(부채, 한삼, 소고), 장단 그림판 등

(6) 실외 환경 구성

① 국악기

장구, 징, 꽹과리, 자바라 등

② 시청각 자료

녹음 자료, 이동용 녹음기 등

③ 소품

돗자리, 방석

참고문헌

1. 국악교육의 개념 및 필요성

김군자(2001). 음악치료의 이론과 실제 양서원

경기도 교육청(1997). 우리놀이 우리가락

교육인적자원부(1999). 유치원교육과정해설 교육인적자원부

김명순, 조경자(2007). 음악교육의 이론과 실제 다음세대

김백준(2007). 유아음악교육의 이론과 실제 현대음악

이숙재(2007). 유아를 위한 놀이의 이론과 실제 창지사

안재신(2002). 유아음악교육 교육과학사

이지언(2001). 유아국악교육에 대한 인지도 및 운영실태 조사 연구 명지대석사학위 논문

이홍수(1990). 음악교육의 현대적 접근 세광출판사

정성자(2002). 어린이 국악교육의 실제 창지사

조윤미(2005). 함께 즐기는 유아국악교육 창지사

홍양자(1997). 빼앗긴 정서 빼앗긴 문화 도서출판 다림

2. 국악교육의 이론적 배경

서한범(2007). 국악통론 태림출판사

장사훈, 한만영(1975). 국악개론 서울대학교출판부

장사훈(1975), 한국 악기대관 서울대학교출판부

전송배, 모형오(2006). 유아국악교육 창지사

정성자(2002). 어린이 국악교육의 실제 창지사

3. 국악교육의 목적 및 목표

김정화(1998). 유아교육을 위한 유아음악 놀이 지도 학문사
김명순, 조경자(2007). 음악교육의 이론과 실제 다음세대
안재신(2002). 유아음악교육 교육과학사
이대균(2001). 3, 4, 5세 유아를 위한 전통놀이 교육 프로그램 양서원
장혜순(2005). 유아놀이의 이론과 실제 학지사
전인옥, 이숙희(1997). 유아음악교육 한국방송대학교출판부

4. 국악교육의 내용

김명순, 조경자(2007). 음악교육의 이론과 실제 다음세대
김해숙, 백대웅, 최태현(2007). 전통음악개론 도서출판 어울림
노동은(2007). 유아국악교육 (사)한국아동국악교육협회
서한범(2007). 국악통론 태림출판사
이숙재(2006). 유아를 위한 놀이의 이론과 실제 창지사
이홍수(1990). 음악교육의 현대적 접근 세광출판사
이희자, 임영옥(2006). 아동음악과 동작 형설출판사
장사훈, 한만영(1975). 유아음악교육 한국방송대학교출판부
정성자(2002). 어린이 국악교육 창지사
정성자(2002). 교육현장에 필요한 어린이 국악 작품집 창지사
정성자(2002). 어린이 국악교육의 실제 창지사
정원식(1989). 교육환경론 교육출판사
조윤미(2005). 함께 즐기는 유아국악교육 창지사

제2장

유아 국악교육의 실제

Ⅰ. 봄

Ⅱ. 여름

Ⅲ. 가을

Ⅳ. 겨울

봄 1

1. 비석치기

♣ 활동목표

- 전래놀이의 이해를 돕는다.
- 균형감각을 발달시킬 수 있다.
- 대근육 발달을 돕는다.

♣ 준비물

- 넓적한 돌, 세울 수 있는 돌

♣ 활동방법

- 유아를 두 팀으로 나눈다.
- 양쪽에 출발선과 도착선을 그어 놓고 각각의 도착선에 비석을 세워 놓는다.
- 출발선에 선 양 팀 유아의 머리 위에 준비한 돌을 얹는다.
- 유아는 출발선에서 출발하여 도착점의 비석을 머리에 있는 돌로 떨어뜨려 맞춘다. 이때 맞추지 못하면 다른 유아가 이어서 한다.
- 머리로 돌을 떨어뜨려 비석이 쓰러지면 이마, 어깨, 가슴, 무릎 사이, 발등에 돌을 얹고 계속 이어간다.
- 발등까지 모두 끝낸 팀이 있으면 게임은 끝이 난다.

♣ 유의점

- 돌을 사용하므로 교사의 주의가 필요하다.
- 게임의 특성상 바깥놀이가 적절하다.

2. 봄에 피는 꽃

♣ 활동목표

- 세마치장단을 자연스럽게 이해할 수 있다.
- 봄에 피는 꽃들에 대하여 안다.
- 계절마다 다른 꽃이 피는 것을 안다.

♣ 준비물

장구, 봄에 피는 꽃 사진 자료

♣ 활동방법

- 봄에 피는 꽃에 대하여 이야기 나눈다.
- 유아가 말한 꽃들의 사진을 융판에 붙여 준다.
- 교사는 세마치장단을 치면서 무슨 꽃이 피었나를 물어 본다.
- 교사가 처음에는 대답을 어떻게 하는지를 가르쳐 주고 다음에는 유아들이 하도록 한다.

부호	⦶			⦶		｜	○	｜	
구음	덩			덩		덕	쿵	덕	
교사	무슨			꽃이		피었	니		
유아	벗			꽃이		피었	다		

3. 같은 소리를 찾아요

♣ 활동목표

- 악기에 따라 소리가 다르다는 것을 안다.
- 청각 발달을 돕는다.
- 사물악기를 알 수 있다.

♣ 준비물

장구, 북, 징, 꽹과리, 사물악기의 그림 자료, 사물악기 소리가 녹음된 녹음자료, 융판

♣ 활동방법

- 교사가 악기와 악기의 이름을 소개한다.
- 녹음 자료를 통하여 각각의 악기의 소리를 들려준다.
- 순서 없이 녹음 자료를 들려주고 유아가 악기를 찾도록 한다.
- 찾은 악기의 그림 자료를 융판에 붙여 준다.
- 유아가 악기를 재료나, 소리에 따라서 비슷한 것끼리 분류하도록 한다.
- 유아가 분류한 대로 소리를 내어 보고, 그 소리의 차이를 느껴 본다.

♣ 유의점

- 연령이 낮은 유아일수록 차이가 많이 나는 악기를 선택해야 한다.
- 사전에 유아가 악기를 탐색할 시간을 준다.

4. 이름을 불러 보아요

♣ 활동목표

- 자신의 이름이 나오는 노랫말을 통하여 흥미를 느낀다.
- 친구들의 이름을 불러 보며 사회성을 기른다.

♣ 준비물

장구

♣ 활동방법

- 교사가 휘모리 장구 장단에 맞추어 먼저 자신을 소개한다.
- 교사가 한 명씩 유아의 이름을 불러 준다.
- 유아는 자신의 이름이 불리워지면 장단에 맞추어 대답을 한다.
- 노래가 끝나면 모두 잘했다고 박수를 쳐 준다.

부호	⦶		⦶		○	|	○	
구음	덩		덩		쿵	덕	쿵	
교사	나		는		○	○	○	
교사	○○		야		나	왔	니	
유아	○		○		왔	어	요	

교사: 나는 선생님(교사는 자신의 이름을 말한다.)

교사: 홍길동아 나왔니?

유아: 홍길동 왔어요.

♣ 유의점

- 빠진 유아가 없는지 살펴본다.

5. 혹부리 영감

♣ 활동목표

- 전래동화를 통하여 우리말의 아름다움을 느낀다.
- 혹부리 영감의 이야기가 주는 교훈을 안다.
- 언어 능력을 발달시킨다.

♣ 준비물

동화판, 장구 또는 북

♣ 활동방법

- 교사는 이야기를 시작하기 위한 준비를 한다.
- 준비한 이야기판의 시작 페이지를 보여주고 무슨 이야기일까 유아와 이야기를 나눈다.
- 이야기판을 펼치며 이야기를 시작한다.

- 혹부리 영감 -

옛날 어느 마을에 마음이 아주 착한 혹부리 영감이 살았어요. 어느 날 혹부리 영감은 산에 나무를 하러 갔어요. 그런데 그만 벌써 날이 어두워져서 혹부리 영감은 외딴 오두막에서 묵기로 했어요.

캄캄한 밤이 되자 혹부리 영감은 무서워 졌지요, 그래서 노래를 부르기 시작했어요.

그런데 혹부리 영감의 노래 소리를 듣고 어디서 왔는지 도깨비들이 와서 혹부리 영감의 노래 소리에 덩실덩실 춤을 추고 있는 게 아니겠어요. 혹부리 영감은 깜짝 놀라 노래를 멈추었어요. 그러자 도깨비가 말을 했어요.

"영감 어찌 노래를 잘 하는 거요?"

"글세 나도 잘 모르오."

"아무래도 그 혹에서 나오는 것 같은데 우리에게 그 혹을 파시오!"

영감은 깜짝 놀랐어요. 혹부리 영감은 어차피 이렇게 된거

"마음대로 하시구려."

도깨비들은 신이 나서

"뚝딱뚝딱 신기한 도깨비 방망이 오늘은 무슨 소원을 들어줄까? 뚝딱!"

그러자 신기하게도 혹이 뚝 떨어졌어요. 도깨비는 혹부리 영감에게 많은 보물을 주고 바람처럼 사라졌어요.

마을로 내려온 혹부리 영감은 혹도 없어지고 큰 부자가 되었어요.

그런데 이웃마을에 혹부리 영감과 똑같은 혹이 있는 욕심쟁이 혹부리 영감이 있었어요. 이 소식을 들은 욕심쟁이 혹부리 영감은 배가 아팠어요. 욕심쟁이 혹부리 영감은 자기도 혹도 떼고 부자가 될 욕심에 혹부리 영감과 똑같은 산에 올랐어요. 그리고 밤이 되기를 기다렸어요. 밤이 되자 욕심쟁이 혹부리 영감은 목청을 가다듬고 힘껏 노래를 불렀어요.

잠시 후 진짜 도깨비들이 나타났어요.

노래를 한참 듣고 있던 도깨비들이 말 했어요.

"영감의 노래는 어디서 나오는 거유?"

그러자 영감은 기다렸다는 듯이

"이 혹에서 나옵니다."

도깨비들은 더 이상 말을 하지 않고 욕심쟁이 혹부리 영감을 쿡쿡 쥐어 박았어요.

"흥 우리가 또 속을 줄 알고? 우리가 그 노래주머니 하나 더 달아 줄테니 맘껏 노래나 부르구려!"

도깨비들은 욕심쟁이 혹부리 영감에게 혹을 한 개 더 붙여 주고 바람처럼 사라졌어요.

혹부리 영감은 엉엉 울며 욕심을 부린 자신을 후회했지만 이미 도깨비는 사라지고 혹만 두 개 덜렁 매달린 채 산을 내려왔어요.

♣ 유의점

- 교사가 동화를 읽을 때 정확하고 천천히 소리의 크기를 조절하여 읽는다.
- 동화에 나오는 옛날 물건을 유아가 이해할 수 있도록 자세히 설명을 한다.
- 동화가 끝나면 동화의 내용을 유아와 이야기 나눈다.

6. 공기놀이

♣ 활동목표

- 소근육 발달을 돕는다.
- 수 개념을 익힌다.
- 규칙을 지킨다

♣ 준비물

유아의 손에 잡을 수 있는 작은 공깃돌, 바구니

♣ 활동방법

- 봄에 야외 활동에서 작은 공깃돌을 유아에게 주어 올 수 있도록 한다.
- 주어온 공깃돌을 깨끗하게 씻는다.
- 2~3명 정도가 순서를 정한다.
- 공기돌 15~20개 정도를 바닥에 퍼트려 놓는다.
- 공기를 하나 집어서 높이 던지고 던진 공깃돌이 바닥으로 떨어지기 전에 바닥에 있는 공깃돌을 하나 줍는다. 가져온 공깃돌을 자기 바구니에 담는다. 그리고 다음 사람이 이어서 한다. 이 때 다른 공깃돌을 건드리면 다음 사람의 순서가 된다.
- 바닥의 공깃돌이 없어지면 게임은 끝이 나고 바구니에 공깃돌을 세어 많은 공기돌을 가져온 유아가 이기는 게임이다.

♣ 유의점

- 돌을 이용한 게임으로 다치는 일이 없도록 한다.
- 연령에 따라서 변형된 게임을 할 수 있다.

7. 나무타령

♣ 활동목표

- 자연과 사물을 감상하고 이해한다.
- 식물에 대한 관찰로 탐구심을 기른다.
- 전래동요를 익힌다.

♣ 준비물

장구, 노랫말판, 녹음기, 나무노래 CD, 여러 종류의 나무사진

♣ 활동방법

- 유아들이 알고 있는 나무에 대하여 이야기를 나눈다. 교사는 미리 유아들의 대답을 예측하여 나무 그림이나 사진을 준비하여 제시한다.
- 유아들이 생각하지 못한 나무의 종류를 알아본다.
- 그림이나 사진자료를 보며 노랫말을 익힌다. 이때 교사는 녹음자료를 이용하여 유아가 자연스럽게 노래를 익힐 수 있도록 한다.
- 익숙해지면 한 명의 유아가 선창을 하고 다른 유아들이 후창을 한다. 유아들끼리 순서를 바꾸어 불러 본다.
- 노랫말을 유아의 흥미에 따라서 바꾸어 불러도 좋다.

나무타령

자진모리장단 | 전래동요

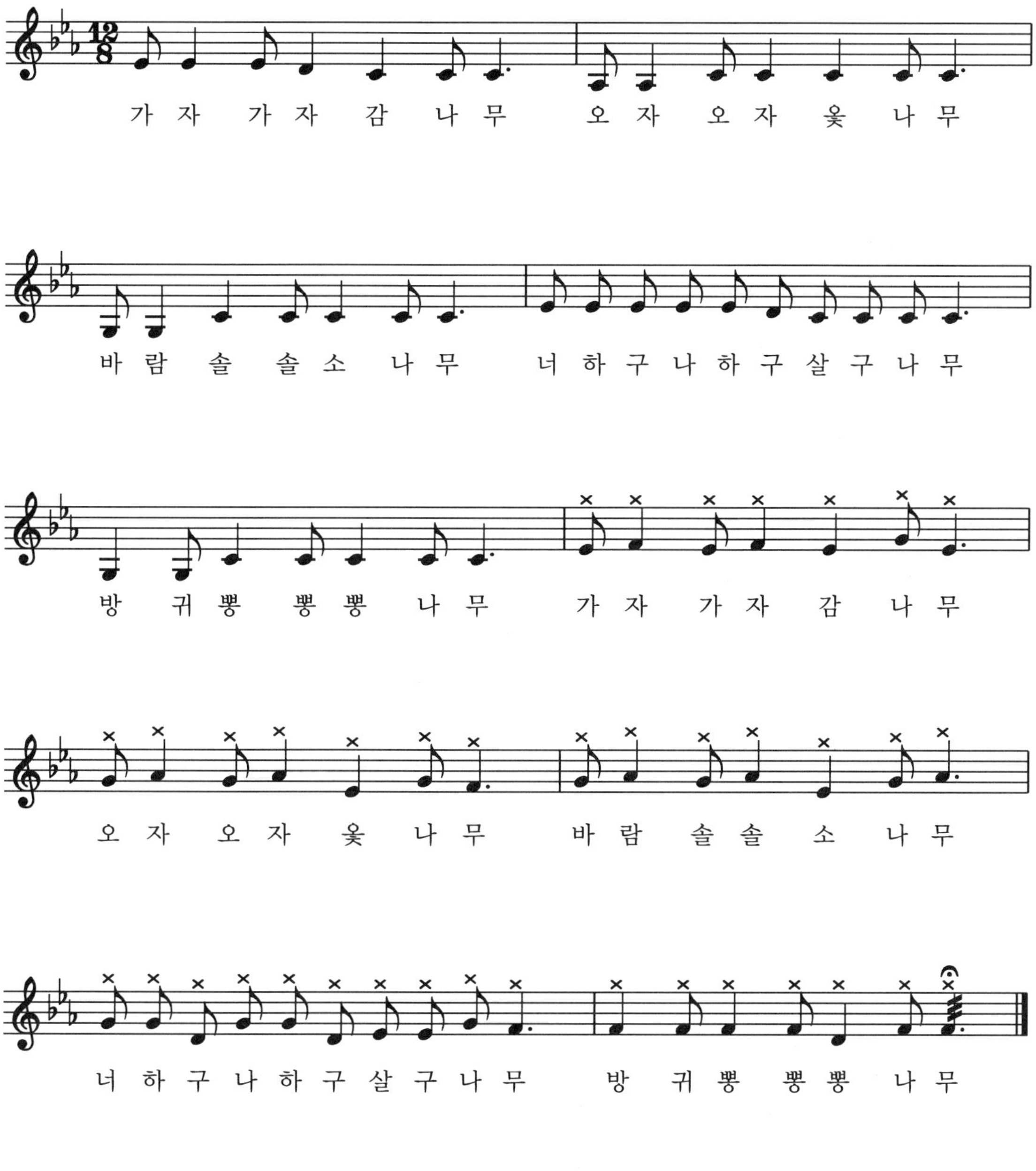

8. 악기를 찾아보아요

♣ 활동목표

- 여러 가지의 전통악기에 대하여 알 수 있다.
- 소근육과 대근육 발달을 돕는다.
- 게임의 규칙을 이해할 수 있다.

♣ 준비물

악기 사진 자료, 녹음기, 융판, 각 악기별 이름카드, 매트, 색테이프, 장구, 북, 징, 소고, 꽹과리

♣ 활동방법

- 악기의 소개를 충분히 한다.
- 각 악기를 치는 채를 구분해 본다.
- 도착점에 악기를 배치한다.
- 출발선 조금 앞에 악기의 채를 배열한다.
- 게임의 내용을 소개하고 교사가 시범을 보인다.
- 출발선에 유아 두 명이 선다.
- 교사가 녹음기를 이용하여 악기의 소리를 들려주면 출발선에 선 아이가 악기의 채를 골라서 해당 악기를 두 번 치고 온다.
- 틀린 유아는 교사가 개입하여 정정해 주고 다시 한 번 기회를 준다.
- 릴레이식으로 하거나, 두 명이 하는 게임이다.

♣ 유의점

- 게임 도중 유아의 안전에 유의한다.
- 게임 전에 규칙에 대하여 충분히 이야기 나눈다.
- 게임의 결과보다는 과정을 즐길 수 있도록 주의한다.

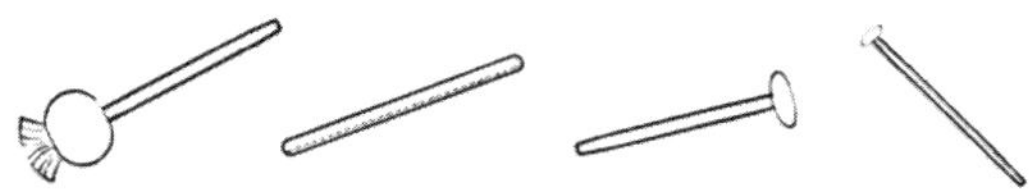

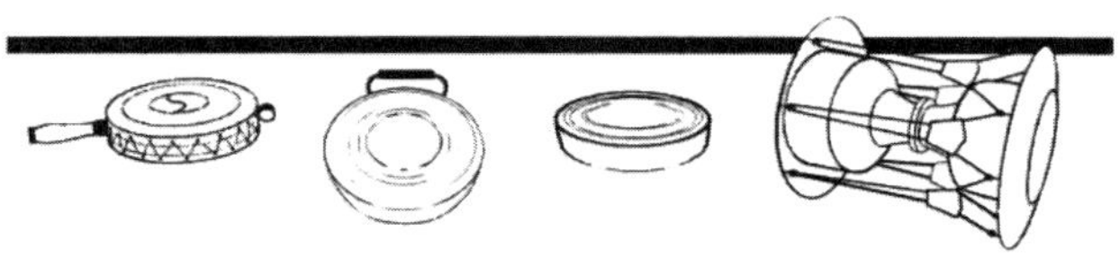

9. 멍멍 똥개야

♣ 활동목표

- 게임을 통하여 규칙을 이해한다.
- 휘모리 장단을 익힌다.

♣ 준비물

장구

♣ 활동방법

- 교사는 휘모리장단을 유아에게 소개한다.
- 유아와 휘모리장단을 손으로 치면서 장단을 자연스럽게 익힌다.
- 교사가 휘모리장단을 치면서 말놀이의 시범을 보인다.
- 말놀이의 내용을 유아들의 이름과 함께 직접 자신의 이야기를 넣어 본다.
- 두 명씩 짝을 지어 손바닥을 치면서 게임을 한다.
- 마지막에 가위 · 바위 · 보를 하여 이긴 사람과 진 사람을 구분하여 벌칙을 준다.

덩		덩		쿵	덕	쿵	
짝		짝		짝	짝	짝	
멍	디	멍	디	똥	개	야	
어	집	어	서	사	느	냐	
개	얼	에	고	살		지	
무	밥	먹	고	사	느	냐	
개	구	먹	고	살		지	
누	끼	하	구	사	느	냐	
새		하		살		지	

♣ 유의점

- 결과에 연연하지 않도록 벌칙을 재미있게 한다.
- 유아가 장단을 잘 익힐 수 있도록 한다.
- 교사는 다양한 대답을 할 수 있도록 도와 준다.

10. 여우야 여우야 뭐하니

♣ 활동목표

- 대근육 발달을 돕는다.
- 놀이를 통하여 사회성을 높인다.

♣ 활동방법

- 술래 한 명을 정하여 가운데 앉는다.
- 나머지 유아들은 술래를 중심으로 원을 둘러 손을 잡고 선다.
- 여우야 여우야 뭐하니 노래를 부르며 점점 술래에게 다가간다.
- 마지막 노래인 살았니? 죽었니를 부르면 술래는 살았다를 외치며 도망가는 유아를 잡는다. 이때 술래가 죽었다를 외치면 다른 유아는 다시 묻는다.
- 잡힌 유아가 술래가 되어 다시 노래를 시작한다.

♣ 유의점

- 도망갈 때 유아들이 다치지 않도록 주의한다.
- 유아들이 노래를 정확하게 부를 수 있도록 교사는 박자를 쳐 준다(유아들이 게임에 열중하면 제대로 노래를 부르지 않고, 노래의 끝부분에서 도망갈 준비로 노래가 제대로 이어지지 않을 수 있다).
- 실내의 강당을 이용하면 좋겠다.

여우야 여우야 뭐하니?

휘모리장단 전래동요

11. 세마치 장단을 알아요

♣ 활동목표

- 우리 장단인 세마치장단을 익혀 우리의 가락을 이해한다.
- 손과 눈의 협응력을 높인다.
- 소근육 발달을 돕는다.

♣ 준비물

장구, 소고, 아리랑 CD.

♣ 활동방법

- 아리랑을 유아와 함께 들어 본다.
- 민요에 대하여 유아에게 간단히 소개한다.
- 교사가 세마치장단을 민요에 맞게 쳐 준다.
- 손장단으로 어떻게 치는지를 가르쳐 준다.
- 유아의 손장단과 교사의 장구 장단으로 민요를 듣고, 같이 불러 본다.

♣ 유의점

- 처음에는 쉽게 할 수 있도록 속도에 주의하여 천천히 시작한다.
- 익숙하게 되면 제 속도를 익힌다.

아리랑

세마치장단 경기민요

12. 꼬마야 꼬마야

♣ 활동목표

- 고무줄 활동을 통하여 대근육 발달을 돕는다.
- 전래놀이를 통하여 사회성 발달을 돕는다.

♣ 준비물

고무줄 긴 줄로 2개

♣ 활동방법

- 꼬마야 꼬마야 노래를 유아와 같이 불러 본다.
- 긴 고무줄을 유아가 양쪽으로 잡고 앉아서 좌우로 천천히 흔들며 노래를 시작한다.

손님 : 똑똑 (손님이 되는 유아가 줄 밖에서 노래한다)
주인 : 누구십니까? (주인인 유아 둘은 고무줄을 흔든다)
손님 : ㅇㅇ입니다.(유아 자신의 이름을 이야기한다)
주인 : 들어오세요.
손님 : 하나, 둘, 셋, 넷에 맞추어 고무줄 사이로 들어간다.

- 고무줄에 들어간 유아는 다른 유아들이 불러 주는 꼬마야 꼬마야 노랫말의 지시에 따라서 행동한다.
- 여러 명이 함께 들어가도 좋다.

예) 오른팔을 들어라.
왼팔을 들어라.
뒤로 돌아라.

앉았다가 일어서라 등

♣ 유의점

- 유아가 충분히 움직일 수 있도록 고무줄의 길이를 조절한다.
- 술래 유아가 고무줄을 잘 흔들 수 있도록 지도 한다.

꼬마야 꼬마야

전래동요
백창우 채보 · 편곡

조금 빠르게 ♩ = 122

13. 리본 막대춤

♣ 활동목표

- 리본 막대를 이용하여 신체 발달을 돕는다.
- 국악 장단에 맞추어 몸을 움직이면서 국악 리듬을 자연스럽게 이해한다.
- 리본의 움직임을 보면서 곡선의 아름다움을 느낀다.
- 자신의 감정을 표현하는 기회를 갖는다.

♣ 준비물

국악 장단 CD, 여러 종류의 색깔 끈, 나무젓가락, 테이프, 장구 또는 꽹과리

♣ 활동방법

- 준비된 재료를 이용하여 리본 막대를 만든다.
- 완성된 막대를 유아들이 자유롭게 흔들어 본다.
- 경쾌한 국악 장단 CD를 들고 막대를 자유롭게 흔들어 본다.
- 교사의 지시에 따라서 규칙적으로 흔들어 본다.

♣ 유의점

- 리본의 끝이 부드러운 재료를 선택 한다.
- 리본이 떨어지지 않도록 테이프로 단단히 고정시킨다.
- 유아들의 표현을 긍정적으로 생각한다.

14. 국악기 소리를 표현해 보아요

♣ 활동목표

- 우리나라 악기 소리를 구별한다.
- 악기 소리에 맞추어 신체 표현을 한다.
- 대근육 발달을 돕는다.

♣ 준비물

장구, 징, 꽹과리, 북, 소고

♣ 활동방법

- 유아들과 함께 준비된 전통악기를 보며 이야기를 나눈다.
- 유아에게 직접 악기의 소리를 들려준다.
- 유아 한 명이 나와서 다른 유아들을 향해 서 있고, 교사는 유아의 등 뒤에서 유아가 보이지 않도록 한 악기의 소리를 들려준다.
- 소리를 들은 유아는 자신이 들은 소리의 악기를 찾는다.
- 위의 방법으로 여러 명의 유아가 악기의 소리를 찾아보고 악기에 대해 충분히 탐색한다.
- 교사는 악기의 탐색이 충분히 이루어진 후 각각의 악기 소리가 날 때 유아에게 어떤 움직임이 좋을까 물어 본다.

예) 북소리 – 배를 두드린다.
꽹과리 – 손뼉을 친다.
징 – 발을 구른다.
장구 – 팔을 흔든다.
소고 – 머리를 돌린다.

• 유아와 함께 준비된 신체 표현에 맞추어 악기를 교사가 번갈아 가면서 연주하여 유아가 다양한 신체 표현을 할 수 있도록 한다.

♣ 유의점

• 악기의 순서를 규칙적으로 하다가 유아가 익숙해지면 순서 없이 악기를 연주한다.
• 유아들이 제시하는 표현 방법을 인정해 준다.

15. 옹 헤 야

♣ 활동목표

- 농사일에 필요한 여러 가지의 농기구를 알 수 있다.
- 농사일의 적절한 시기를 이해한다.
- 동살풀이 장단을 안다.

♣ 준비물

옹헤야 노래 CD, 농사일하는 그림자료, 옹헤야 가사, 옹헤야 악보

♣ 활동방법

- 옹헤야 노래를 다 같이 들어 본다.
- 옹헤야는 언제 부르는 노래일까 이야기를 나눈다.
- 교사는 유아에게 옹헤야 노래에 대하여 설명을 해 준다.
  (옹헤야 민요는 경상도 지역에서 보리타작 소리로 농부들이 보리 이삭을 마당에 널어 놓고 도리깨질을 하며 부르는 노래이다.)
- 농사일을 하는 다양한 그림 자료를 보면서 이야기를 나눈다.
- 옹헤야를 다시 한 번 들어 본 후 유아와 함께 불러 본다.

♣ 유의점

- 동살풀이 장단을 이해하고 흥을 살려 노래를 부를 수 있도록 지도한다.
- 계절별로 농사일이 다르다는 것을 알게 한다.

옹헤야

동살풀이장단

동부민요

16. 쾌지나 칭칭나네

♣ 활동목표

- 다양한 국악기의 소리를 듣는다.
- 국악기의 이름을 안다.
- 국악의 리듬을 이해한다.
- 자진모리장단을 안다.

♣ 준비물

장구, 북, 징, 꽹과리, 녹음기, 쾌지나 칭칭나네 노래 CD.

♣ 활동방법

- 쾌지나 칭칭 노래를 들어 본다.
- 교사가 여러 가지의 악기 소리를 들려준다.
- 각 악기의 이름을 소개 하고 유아들이 악기 소리를 내어 볼 수 있도록 한다.
- 악기의 소리에 대해 이야기 나눈다.
- 쾌지나 칭칭 노랫말에 맞추어 교사가 악기를 연주해 본다.
- 유아가 한 명씩 나와서 노랫말에 맞추어 교사의 지시대로 악기를 연주해 본다.
- 다른 유아는 노래를 부른다.
- 노랫말을 유아들이 개사를 해서 불러도 좋다.

♣ 유의점

- 악기가 준비되지 않았다면 소리가 나는 어떤 것으로 바꾸어도 좋다.

쾌지나 칭칭 나네

경상도 민요

중중모리 장단

자진모리

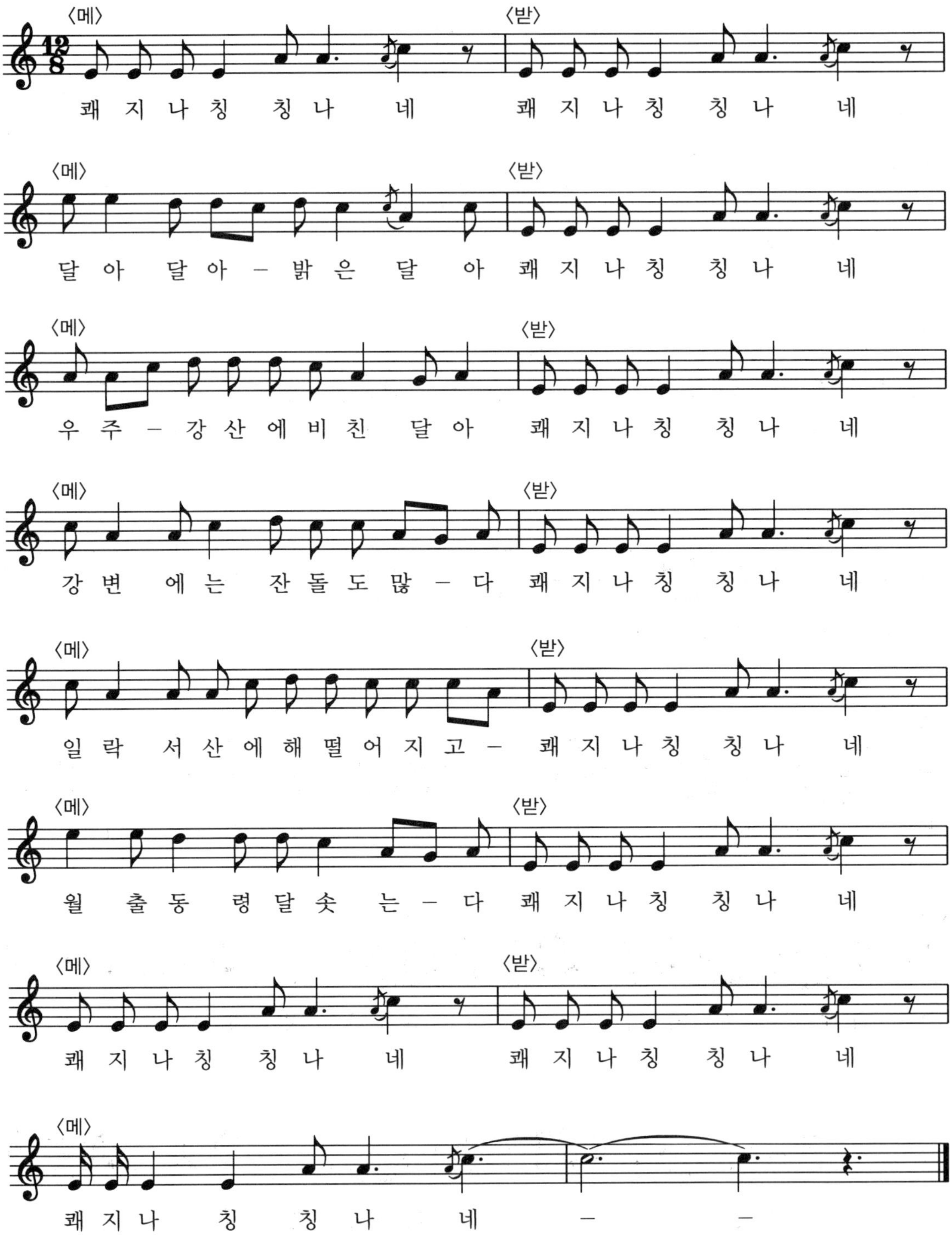
〈메〉 〈받〉
쾌 지 나 칭 칭 나 네 쾌 지 나 칭 칭 나 네
〈메〉 〈받〉
달 아 달 아 — 밝 은 달 아 쾌 지 나 칭 칭 나 네
〈메〉 〈받〉
우 주 — 강 산 에 비 친 달 아 쾌 지 나 칭 칭 나 네
〈메〉 〈받〉
강 변 에 는 잔 돌 도 많 — 다 쾌 지 나 칭 칭 나 네
〈메〉 〈받〉
일 락 서 산 에 해 떨 어 지 고 — 쾌 지 나 칭 칭 나 네
〈메〉 〈받〉
월 출 동 령 달 솟 는 — 다 쾌 지 나 칭 칭 나 네
〈메〉 〈받〉
쾌 지 나 칭 칭 나 네 쾌 지 나 칭 칭 나 네
〈메〉
쾌 지 나 칭 칭 나 네 — —

17. 씨 앗

♣ 활동목표

- 씨앗에서 꽃이 되는 과정을 이해하며 과학적 사고를 높인다.
- 휘모리장단을 안다.
- 장단을 치고 신체 표현을 하면서 대근육과 소근육의 발달을 돕는다.

♣ 준비물

씨앗 노래 CD, 씨앗 노래 가사, 씨앗에서 꽃이되는 과정의 사진 자료, 장구

♣ 활동방법

- 씨앗 노래를 들어 본다.
- 씨앗에서 꽃이 되는 과정의 자료를 보면서 이야기를 나눈다.
- 교사는 휘모리장단을 치면서 씨앗노래를 부른다. (덩 덩 쿵덕쿵)
- 쉿쉿쉿 부분에서는 작은 소리로 표현하고 점점 큰 소리로 장구를 연주한다.
- 노래를 익힌 유아들은 노래를 부르면서 작은 소리의 노래와 장구 소리가 날 때 신체를 이용하여 표현한다(웅크렸다가 점점 기지개를 펴면서 일어난다.).
- 장단을 치는 유아와 신체 표현하는 유아로 나누어 해 본다.

♣ 유의점

- 교사는 강약의 조절을 확실하게 해 주어야 한다.
- 유아의 표현을 긍정적으로 생각한다.

18. 도라지 타령

♣ 활동목표

- 우리 민요 도라지 타령을 안다.
- 세마치장단을 이해한다.
- 우리나라의 들꽃을 알 수 있다.

♣ 준비물

들꽃 사진 자료, 장구, 도라지 타령 노래 CD, 활동판

♣ 활동 방법

- 교사가 도라지 타령을 들려주고 함께 불러 본다.
- 교사는 세마치장단을 쳐 주고 유아들이 노래를 부를 수 있도록 한다.
- 도라지 타령의 노랫말을 유아와 함께 풀어 읽으면서 도라지 타령의 분위기를 익힌다.
- 도라지 외에 우리나라에서 나는 들꽃에 대하여 이야기를 나눈다.
- 유아들이 이야기 한 들꽃의 자료 사진을 활동판에 붙인다.
- 유아들이 이야기한 들꽃의 이름을 넣어 가사를 바꾸어 불러 본다.

도라지 타령

세마치 장단　　　　경기도 민요

19. 꿈꾸는 대나무

♣ 활동목표
- 피리소리를 들으며 감상의 기회를 갖는다.
- 동화의 내용을 몸으로 표현하여 창의성을 높인다.

♣ 준비물

그림동화, 피리 감상곡(피리 산조)

♣ 활동방법
- 유아에게 그림동화를 들려준다.
- 피리 소리가 나오는 장면에서는 피리 소리를 들려준다.
- 동화가 끝나면 유아와 동화에 대한 이야기를 나눈다.

  대나무의 소원이 무엇인지/ 대나무가 왜 그렇게 되었는지/ 대나무가 어떻게 되었는지

- 꿈꾸는 대나무 -

옛날 어느 아름다운 숲 속에 꿈꾸는 대나무가 살았어요. 그 대나무는 잠을 자고 아침에 일어날 때마다 친구들에게 꿈 이야기를 해 주었어요. 그래서 친구들은 그 대나무 친구를 꿈꾸는 대나무라고 불렀지요.

그러던 어느 날 꿈꾸는 대나무는 새들이 지저귀는 아름다운 노래 소리를 듣게 되었지요(피리 소리를 들려준다.). 꿈꾸는 대나무는 그 소리가 몹시도 부러워서 " 나도 저렇게 아름다운 노래를 부를 수 있다면 얼마나 좋을까" 라고 말을 했어요. 그때 그 소리를 들은 삐죽이 대나무가 말 했어요. "헛꿈 꾸지 마" 그러자 옆에 있던 쭉쭉이 대나무도 말 했어요. "우린 새가 아니라 대나무라구 대나무가 어떻게 노래를 할 수 있겠어?" 그러자 꿈꾸는 대나무는 "아! 내가 노래를 할 수 있다면 얼마나 좋을까? 내가 노래를 할 수 만 있다면 세상 사람들을 위해서 즐겁고 아름다운 노래를 많이많이 들려 줄꺼야."

그때 어디선가 우르릉 쾅쾅 먹구름이 몰려왔어요 아마도 큰 비가 오려고 하나 봐요. 천둥 번개가 치고 억수같은 비바람이 대나무 숲을 마구 흔들었어요. 꿈꾸는 대나무는 그 바람에 그만 뚝 부러지고 말았어요. 부러진 대나무는 휙하고 어디론가 날아 가 버렸어요. 친구들 우리 굼꾸는 대나무는 어떻게 되었을까요? 혹시 우리 친구들 중에 꿈꾸는 대나무를 본 친구가 있나요?

그 후 오랜 세월이 지났어요. 화창한 어느 봄날 울창한 대나무 숲에 한 가족이 소풍을 왔어요. 아이들은 대나무 사이에서 뛰어 놀고 엄마는 맛있는 도시락을 준비하고 있었어요. 아빠는 주머니 속에서 무언가를 꺼내어 들고는 입에 대고 불기 시작했어요. "이 소리는?" (피리 소리를 들려준다.)

그 소리를 듣고는 대나무들은 귀를 쫑긋했어요. "얘들아 그래 나야 꿈꾸는 대나무" 바람에 날아갔던 꿈꾸는 대나무를 아빠가 주어서 노래하는 피리가 된 것이었어요. 꿈꾸는 대나무는 자신의 꿈을 이룬 것이지요. 꿈꾸는 대나무는 친구들을 다시 만나 너무나 기뻤어요. 그래서 친구들을 위해서 노래를 정성껏 곱게곱게 불렀어요. 우리 친구들도 꿈꾸는 대나무의 노래 소리를 들어 볼까요? (피리 연주곡을 들려준다.)

20. 무궁화 꽃이 피었습니다

♣ 활동목표

- 집단 놀이를 통해 규칙을 이해한다.
- 사회성 발달을 돕는다.
- 신체 발달을 돕는다.

♣ 활동방법

- 한 명의 술래가 벽을 보고 서 있는다.
- 나머지 유아들은 술래 반대편의 금 밖에서 술래를 보고 서 있는다.
- 술래가 벽을 보고 "무궁화 꽃이 피었습니다" 하고 뒤를 돌아본다.
- 나머지 유아들은 술래가 "무궁화 꽃이 피었습니다"를 할 때 살짝 앞으로 가는데 이때 술래가 보면 술래에게 잡힌다.
- 계속 반복을 하다가 술래 앞까지 오게 되는 유아가 술래가 안 볼 때 술래의 손을 쳐서 잡힌 유아들과 도망을 간다.
- 도망가는 유아를 술래는 쫓아가서 한 명만 잡는다.
- 잡힌 유아가 다시 술래가 된다.

♣ 유의점

- 넓은 공간은 산만해지기 쉬우므로 적절한 공간을 정한다
- 뛰어갈 때 유아들이 다치지 않도록 주의한다.

21. 장단놀이

♣ 활동목표

- 놀이를 통해서 휘모리장단을 쉽게 익힐 수 있다.
- 몸의 움직임을 통해서 신체발달을 돕는다.

♣ 준비물

장구, 바닥에 붙여 밟을 수 있는 휘모리장단 구음판

♣ 활동방법

- 유아에게 휘모리장단을 쳐 준다.
- 유아는 손, 무릎장단으로 휘모리장단을 익힌다.
- 휘모리장단이 익숙해지면 모두 일어나 한줄 기차를 한다.
- 바닥에 있는 구음판 앞에 한 명의 유아가 서 있는다(구음 대신 발바닥 모양을 해도 좋다.).
- 교사의 시작소리와 함께 유아는 구음판 위로 간다.
- 덩은 양발, 따는 오른발, 쿵은 왼발의 형식으로 앞으로 나간다.
- 끝내고 돌아오는 유아에게는 모두 박수를 쳐 준다.

쿵	
	따
쿵	
	따
	따
덩	덩

♣ 유의점

- 휘모리장단을 너무 빨리 치지 말아야 한다.

여름 2

1. 굿거리장단을 배워요

♣ 활동목표

- 굿거리장단을 익힌다.
- 노랫말을 만들어 보며 언어 능력을 발달시킨다.
- 장구를 치면서 대근육 발달을 돕는다.
- 친구들과 함께 노랫말을 만들며 사회성을 높인다.

♣ 준비물

장구, 소고, 가사판

♣ 활동방법

- 굿거리장단을 치면서 교사가 노래를 부른다.
- 노랫말에 유아의 이름을 넣어 부른다.
- 교사는 장구를 치고 유아는 소고를 이용하면 쉽게 따라서 할 수 있다.

〈예시〉

부호	○		i	○	⋮		○		i	○	⋮	
구음	덩		기덕	쿵	더러러러		쿵		기덕	쿵	더러러러	
노랫말	선		생님	참	좋아요		정		말로	참	좋아요	

♣ 유의점

- 유아들이 굿거리장단을 충분히 이해할 수 있도록 리듬을 잘 연구한다.
- 굿거리장단을 칠 때는 덩과 기덕 사이를 여유 있게 치도록 한다(덩과 기덕 사이가 좁으면 음악의 리듬이 빨라질 수 있으므로 이 점 유의한다.).

2. 봉숭아 물들이기

♣ 활동목표

- 봉숭아 성장 과정을 관찰하여 과학적 사고를 높인다.
- 손에 봉숭아물을 들이면서 변화 과정을 안다.

♣ 준비물

봉숭아 잎과 잎사귀, 백반, 절구, 절구공이, 숟가락, 봉숭아 담을 통, 실, 흰 천

♣ 활동방법

- 봄부터 가꾸어 온 봉숭아를 관찰한다.
- 봉숭아에 관한 이야기를 나눈다.
- 유아들과 함께 봉숭아 물들이기에 필요한 재료를 준비한다.
- 유아들과 함께 봉숭아 잎과 잎사귀를 따서 백반과 함께 절구에 찧는다.
- 다 찧은 봉숭아를 1인분씩 숟가락으로 떠서 플라스틱 통에 담고 뚜껑으로 덮는다.
- 봉숭아 물들이는 과정을 설명하고 원하는 유아는 집에서 부모님과 함께 물을 드릴 수 있도록 한다.
- 다음날 봉숭아물을 들인 유아에게 이야기 듣는다.

3. 송아지 따기

♣ 활동목표

- 놀이를 통하여 협동심을 기른다.
- 사물에 대해 관심을 갖는다.

♣ 준비물

북 또는 장구

♣ 활동방법

- 경상도 지방에서 유래한 송아지 따기 노래를 불러 본다.
- 특별한 가락이 없고 주로 말로 주고받는 형식이라 유아들과 주변의 사물을 이용하여 노래를 부른다.
- 교사가 노랫말을 주고 유아가 노랫말을 받다가 유아들 끼리 노랫말을 주고받는다.
- 노래가 익숙해지면 일어나서 꼬리잡기 대열로 선다.
- 교사의 노래에 맞추어 꼬리를 잡고 원을 그리며 돈다.
- 마지막 노래가 끝나고 "송아지 잡자" 하면 맨 처음에선 유아가 꼬리를 잡는다.
- 꼬리가 잡히거나 줄이 풀어지면 게임은 끝이난다.

♣ 유의점

- 노래를 유아의 활동 속도에 맞추어 부른다.
- 유아들이 미끄러지지 않도록 유의한다.

송아지 따기

자진모리장단

전래동요

4. 동물 모양 흉내내기

♣ 활동목표

- 장단의 빠르기와 강약을 안다.
- 동물을 신체로 표현해 봄으로 신체 발달을 돕는다.

♣ 준비물

장구

♣ 활동방법

- 굿거리, 휘모리, 일채 등의 장단을 들려준다.
- 장단을 들은 유아들의 느낌을 이야기한다.
- 장단에 따라서 연상되는 동물을 이야기한다.
- 교사가 장단을 치면 유아들은 자신들이 이야기 한 동물의 흉내를 내어 본다.
- 장단을 들었을 때 왜 그러한 동물이 생각났는지에 대하여 이야기한다.
- 유아들이 발표한 동작을 다른 친구들이 따라서 할 수 있다.

♣ 유의점

- 유아들의 발표를 긍정적으로 칭찬한다.

5. 떡먹고 장구치며 돌아오기

♣ 활동목표
- 장구의 모양과 소리를 익힌다.
- 휘모리장단을 이해한다.

♣ 준비물
장구, 인절미, 젓가락, 점수판, 비밀상자, 뿅뿅이, 호루라기

♣ 활동방법
- 유아들이 비밀상자에서 공을 하나씩 꺼낸다.
- 같은 색깔의 공을 꺼낸 유아들이 한 팀이 된다.
- 교사의 호루라기 소리에 맞춰 출발을 하여 떡을 젓가락으로 먹고 휘모리장단을 친 후 다시 출발점으로 돌아온다.
- 먼저 들어온 유아의 팀에 점수를 준다.
- 모든 유아가 게임을 마치면 각 팀의 점수를 알아본다.

♣ 유의점
- 게임의 승패에 의미를 두기보다는 휘모리장단을 정확하게 치고 오도록 지도한다.
- 장단을 친 후 다음 친구를 위해 장구를 제자리에 정리하도록 한다.

6. 싸 름

♣ 활동목표

- 여름 벌레 '쓰르라미' 에 대해 알아본다.
- 황해도 민요를 감상한다.
- 황해도 민요 '싸름' 을 부를 수 있다.

♣ 준비물

노래가사판, 쓰르라미 울음소리(녹음자료), 그림자료, CD플레이어

♣ 활동방법

- 쓰르라미 울음소리를 듣고 어느 곤충의 울음소리인지 이야기 나눈다.
- 쓰르라미 그림을 보며 쓰르라미의 생김새에 대해 알아본다.
- 황해도 민요 '싸름' 을 듣고 노래에 나오는 곤충(매미)에 대해 이야기 나눈다.
- 교사가 장구로 굿거리장단을 쳐 주면 함께 입장단으로 따라해 본다.
- 굿거리장단에 맞춰 다시 '싸름' 노래를 불러 본다.
- 황해도 민요를 배우며 여름 곤충에 관심을 갖는다.

♣ 유의점

- 굿거리 장단을 정확하게 익힌 후 장단에 맞춰 노래를 부른다.

싸 름

굿거리장단 　　　　황해도 민요

7. 장구 만들기

♣ 활동목표
- 전통악기 중 장구에 대해 알아본다.
- 다양한 재료로 장구를 만들어 본다.
- 전통악기에 관심을 갖는다.

♣ 준비물
사발면 그릇 2개, 일회용 접시 2개, 판지, 끈, 펀치, 전통문양, 접착도구

♣ 활동방법
- 장구를 탐색한 후 각 부분의 명칭을 알아본다.
- 장구 만들 재료를 알아본다.
- 만드는 순서와 주의할 점에 대해 이야기 나눈다.
- 준비된 재료를 이용해 장구를 만든다.
- 장구가 완성되면 친구들과 함께 장구를 쳐 본다.
- 장구를 만들며 장구의 각 부분 명칭의 이름과 모양을 익히도록 한다.

♣ 유의점
- 장구를 치며 놀이할 수 있도록 견고하게 만든다.

8. 허벅치기

♣ 활동목표

- 제주도 향토악기 '허벅'에 대해 안다.
- 악기를 연주하며 전래동요를 부를 수 있다.

♣ 준비물

노래가사, 허벅, 고무대야, 박으로 만든 바가지, 물, 그림자료, 영상자료

♣ 활동방법

- 그림자료, 영상자료를 보며 '허벅'에 대해 알아본다.
- '허벅' 치는 방법을 알아본다.
- 물놀이를 하며 '허벅치기'를 해 본다.
- 제주지방의 전래동요 '비야비야'를 부르며 '허벅'을 연주한다.
- 주변에서 볼 수 있는 전통악기가 아니므로 사진 또는 영상자료를 준비한다.

♣ 유의점

- 충분히 소리를 탐색한 후 연주를 한다.

비

굿거리장단

전래동요

9. 소리 듣고 맞춰 보기

♣ 활동목표

• 여러 가지 전통악기의 종류와 명칭을 안다.
• 소리를 듣고 악기를 구별할 수 있다.

♣ 준비물

장구, 북, 꽹과리

♣ 활동방법

• 악기의 생김새, 특징, 소리를 알아본다.
• 유아는 눈을 감고 교사가 악기를 두드리면 어느 악기의 소리인지 맞춰 본다.
• 유아를 두 팀으로 나눈다.
• 출발선에 양 팀의 유아가 뒤로 돌아서 선다.
• 교사가 악기소리를 들려주면 반환점으로 달려가 그 소리의 악기그림을 찾아서 붙인 후 출발선으로 돌아온다.

♣ 유의점

• 게임시 뒤로 돌아 악기소리를 귀로만 듣고 맞추도록 사전에 규칙을 정한다.
• 게임의 승패보다는 악기의 소리를 정확히 듣고 구별하도록 지도한다.

10. 여름 냇가

♣ 활동목표

- 새노래 '여름 냇가' 를 부른다.
- 노래를 부르며 휘모리장단을 익힌다.

♣ 준비물

노래가사판, 장구

♣ 활동방법

- 새노래 '여름 냇가' 를 피아노 반주에 맞춰 배운다.
- '여름 냇가' 노래에 어울리는 장구 장단을 알아본다.
- 교사가 휘모리장단을 장구로 알려주면 유아가 손바닥을 치며 따라 한다.
- 휘모리장단에 맞춰 '여름 냇가' 를 부른다.

♣ 유의점

- 장단을 배울 때 처음엔 입장단으로 그 다음엔 무릎장단을 치며 배우도록 한다.

여름 냇가

휘모리 장단

이태선 작사
박재훈 작곡

11. 북치고 돌아오기

♣ 활동목표

- 여름에 관련된 물건, 음식, 풍경을 안다.
- 북 치는 방법을 안다.
- 몸을 움직이는 활동을 통해 신체발달을 돕는다.

♣ 준비물

북, 여름에 관련된 그림카드

♣ 활동방법

- '여름' 하면 떠오르는 것에 대해 이야기 나눈다.
- 북채 잡는 방법과 북 치는 방법을 알아본다.
- 유아들을 두 팀으로 나눈다.
- 교사는 반환점에 서서 한쪽엔 여름에 관련된 그림카드, 다른 한쪽엔 다른 계절에 관련된 그림카드를 붙인다.
- 호루라기를 불면 출반선에서 양 팀의 유아가 채를 들고 출발한다.
- 여름에 관련된 그림카드가 붙어 있는 북을 치고 출발점으로 돌아온다.
- 교사는 다음 유아를 위해 카드를 바꾸어 붙인다.

♣ 유의점

- 멀리서도 잘 보이는 크기의 그림카드를 준비한다.

12. 딱지놀이

♣ 활동목표

- 놀이를 통하여 질서를 배운다.
- 신체 조절능력이 발달된다.
- 유아의 사회성 발달을 돕는다.

♣ 준비물

못 쓰는 종이

♣ 활동방법

- 못 쓰는 두꺼운 종이로 딱지를 여러 개 만든다.
- 3~5명의 유아들이 가위 · 바위 · 보로 순서를 정하고 딱지를 똑같이 여러 장 나누어 갖는다.
- 순서가 정해지면 자신의 딱지로 다음 유아의 딱지를 쳐서 넘긴다.
- 딱지가 넘어가면 넘긴 유아가 갖고 못 넘기면 다음 유아의 순서로 넘어간다.
- 일정한 시간 동안 놀이를 한 후 딱지를 가장 많이 갖고 있는 유아가 이긴다.

♣ 유의점

- 유아들이 딱지를 잘 넘길 수 있도록 요령을 익히게 한다.
- 결과에 너무 집착하지 않도록 한다.

13. 밀양 아리랑

♣ 활동목표

- 세마치장단을 익힌다.
- 민요를 이해한다.
- 민요를 통하여 민족 정서를 이해한다.
- 우리나라 지도를 알 수 있다.
- 사투리에 대하여 알 수 있다.

♣ 준비물

밀량 아리랑 CD, 장구, 우리나라 지도

♣ 활동방법

- 밀양 아리랑 노래를 들려준다.
- 밀양 아리랑의 내용을 이야기한다.
- 우리나라 지도를 보고 밀양 지방을 찾아본다.
- 지방 사투리에 관하여 이야기 나눈다.
- 세마치장단에 맞추어 민요를 불러 본다.
- 유아들도 손장단을 치며 노래를 불러 본다.
- 세마치장단의 흥에 맞추어 노래한다.

밀양 아리랑

세마치장단 — 경상도 민요

14. 이어도 사나

♣ 활동목표

- 민요를 통하여 민족적 정서를 알 수 있다.
- 우리나라 지도를 알 수 있다.
- 여러 종류의 배를 안다.
- 과학적 탐구능력을 발달시킨다.

♣ 준비물

민요 노래CD, 장구, 우리나라 지도, 배 그림 자료

♣ 활동방법

- 여름에 바다 혹은 강가에서 볼 수 있는 것에 대하여 이야기 나눈다.
- 여러 종류의 배에 관하여 이야기 나눈다.
- 옛날 배에 관하여 이야기 나눈다.
- 제주도 민요 이어도 사나 노래를 들어 본다.
- 어떨 때 부르는지 생각해 본다.
- 이어도 사나 노래를 배운다.
- 장구 장단에 맞추어 노래를 부른다.
- 유아들이 사공이 되어 노를 젓는 모습을 흉내 내며 노래를 부른다.
- 받는 소리와 메기는 소리를 나누어 불러 본다.
- 배를 만들어 물에 띄어 보는 활동을 할 수 있다.

♣ 유의점

- 유아들이 자유롭게 노젓는 모습을 표현할 수 있도록 한다.

이어도사나

세마치장단

제주도 민요
백대웅 채보

이어도사나 이 물에는— 어 —어— 이 사공아—
이——에 무엇을먹고 이어도사나 아 —아—
아 아 고물—에는 아 아 도사—공아 아 —아—
이 사공아 고 물에는 이어도사나
허릿대밑에— 아 —아— 화—장아야 아 아 물 때점점 어 어
허릿대밑에 어——이 화장 아야 물 때점점
늦어나간다 휫 저어라저 이겨라배겨라 휫
어 이 늦어나간다 저어라저 이겨라와겨라

15. 꼬리잡기

♣ 활동목표

- 놀이를 통하여 신체발달을 돕는다.
- 집단놀이를 통하여 사회성을 기른다.

♣ 준비물

꼬리를 만들 수 있는 굵은리본, 허리를 감을 수 있는 고무줄, 테이프, 장구

♣ 활동방법

- 유아들의 허리에 고무줄을 맨다.
- 허리 뒤쪽으로 고무줄에 30cm 정도 길이의 리본을 테이프를 이용하여 살짝 붙인다.
- 교사의 신호와 함께 유아들이 이리 저리 도망을 간다.
- 유아들은 다른 유아의 꼬리를 잡으려고 다니다.
- 꼬리가 떼인 유아는 밖으로 나온다.
- 3~5명 정도 유아의 꼬리가 떼어져 밖으로 나오면 놀이를 멈추고 다시 시작한다.
- 놀이를 하는 동안에 교사는 유아들이 흥이 날 수 있도록 장구를 이용하여 흥을 돋구어 준다.

♣ 유의점

- 꼬리가 잘 떨어지도록 붙여 준다.
- 유아는 꼬리가 떨어지는가를 보기 위하여 뒤를 보고 뛰지 않도록 한다.
- 넘어지지 않도록 유의한다.

16. 두껍아 두껍아

♣ 활동목표

- 모래놀이 활동으로 소근육 발달을 돕는다.
- 집단 활동을 통하여 사회성을 높인다.

♣ 준비물

모래 놀이장, 두껍아 두껍아 노래 CD,

♣ 활동방법

- 두겁아 두껍아 노래를 익힌다.
- 모래 놀이장으로 나간다.
- 모래를 한 손 위로 쌓는다.
- 다른 한 손으로 모래를 단단하게 누른다.
- 노래를 부르며 모래를 단단하게 누른다.
- 모래 안에 있는 손을 조심스럽게 뺀다.
- 모래로 만든 집이 단단하게 있는 유아는 성공, 모래집이 무너진 유아는 다시 모래집을 만든다.

♣ 유의점

- 모래집을 단단하게 만들 수 있는 방법은 모래에 약간의 물을 뿌리면 된다.
- 모래놀이가 끝나면 손을 깨끗이 씻는다.
- 모래를 던지지 않도록 한다.

두껍아 두껍아

단모리장단 | 전래동요

17. 뱃노래

♣ 활동목표

- 노젓는 동작을 표현함으로써 창의성을 높인다.
- 신체 발달을 돕는다.
- 민요를 이해한다.
- 굿거리장단을 익힌다.

♣ 준비물

뱃노래 CD, 장구, 여러 종류의 배 사진자료

♣ 활동방법

- 배를 타 보았거나 자신이 알고 있는 배에 관하여 이야기를 나눈다.
- 뱃노래 CD를 듣는다.
- 어떠한 상황에서의 노래인가 이야기를 나눈다.
- "어기야 디여차"의 부분에서 어떠한 동작을 할 수 있는가 이야기해 본다.
- 자신이 할 수 있는 동작을 표현한다.
- 교사는 준비된 노젓는 사진을 제시한다.
- 유아는 사진 자료를 통하여 노를 젓는 다양한 방법을 경험한다.
- 뱃노래를 듣고 부르면서 노를 젓는 동작을 표현한다.

♣ 유의점

- 유아 각자가 표현한대로 노젓기를 할 수 있도록 지도한다.
- 굿거리장단에서 덩과 기덕 사이를 여유있게 쳐야만 굿거리의 흥을 제대로 나타낼 수 있다.

뱃노래

굿거리장단

경상도민요

18. 깃발 뺏기

♣ 활동목표

- 기초 측정을 통하여 과학적 탐구심을 높인다.
- 전체와 부분을 경험할 수 있다.

♣ 준비물

모래, 20cm 정도의 깃발

♣ 활동방법

- 모래를 산 모양으로 적당량을 쌓는다.
- 유아들을 5명씩 두 조로 나눈다.
- 모래 위에 깃발을 꽂고 신호와 함께 시작한다.
- 한 명씩 유아들이 나와서 깃발을 쓰러뜨리지 않고 모래를 자기편으로 모아온다.
- 모래를 가져 오다가 깃발을 쓰러뜨리면 쓰러뜨린 팀이 지게 된다.

♣ 유의점

- 처음은 손바닥을 이용하고, 점점 모래가 작아지면 손가락을 사용한다.
- 어떤 한 사람의 잘못이 아닌 조원의 협동심이 필요하다는 것을 이해시킨다.

19. 우리 집에 왜 왔니?

♣ 활동목표

- 언어 발달을 돕는다.
- 놀이를 통하여 사회성을 기른다.

♣ 활동방법

- 우리 집에 왜 왔니? 노래를 익힌다.
- 모두 일어나 5명 정도씩 두 조로 나누어 서 있게 한다.
- 두 조는 3m 정도 간격으로 마주 보고 서게 한다.
- 먼저 시작할 조를 정한다.
- 신호와 함께 먼저 시작한 조는 "우리 집에 왜 왔니?" 노래를 부르면서 앞으로 나간다.
- 반대편의 조는 뒤로 물러나다가 "꽃 찾으러 왔단다" 하며 앞으로 나간다.
- 다시 "무슨 꽃을 찾으러 왔느냐" 하면 반대편의 조는 미리 생각해 두었던 유아의 이름을 부른다.
- 자신의 이름이 불리어진 유아는 앞으로 나와서 이름을 부른 유아와 가위 · 바위 · 보를 한다.
- 진 유아는 이긴 조로 가서 손을 잡고, 이긴 조부터 다시 놀이를 시작한다.
- 한 조의 유아가 한 명도 남아 있지 않을 때 까지 놀이를 계속한다.

♣ 유의점

- 뒤로 갈 때 다치지 않도록 한다.

우리 집에 왜 왔니?

1.우 리 집 에 왜 왔 니 왜 왔 니 왜 왔 니
2.꽃 찾 으 러 왔 단 다 왔 단 다 왔 단 다
3.무 슨 꽃 을 찾 으 러 왔 느 냐 왔 느 냐
4.은 지 꽃 을 찾 으 러 왔 단 다 왔 단 다

20. 쥐와 고양이

♣ 활동목표

- 신체 발달을 돕는다.
- 집단 게임을 통하여 유아의 사회성과 협동심을 높인다.

♣ 활동방법

- 쥐와 고양이를 한 명씩 정한다.
- 나머지 유아들은 손을 잡고 둥글게 선다.
- 쥐는 원 안에 있고 고양이는 원 밖에 있는다.
- 시작 신호와 함께 고양이는 쥐를 잡으려고 원 안으로 들어오려고 한다.
- 나머지 유아들은 고양이가 원 안으로 들어오지 못하도록 손과 손의 간격을 좁혀서 고양이를 막는다.
- 고양이가 들어오면 빨리 쥐를 밖으로 내보낸다.
- 고양이가 다시 밖으로 나오면 쥐를 다시 안으로 들여보내 쥐가 잡히지 않도록 하는 게임이다.
- 쥐가 잡히지 않고 게임이 길어지면 고양이가 이긴 것으로 교사가 게임을 종료시킨다.
- 쥐가 고양이에게 잡히면 게임은 끝이 나고 다시 쥐와 고양이를 정하여 게임을 계속한다.

♣ 유의점

- 쥐가 밖으로 나와서 다른 곳으로 가지 못하도록 한다.
- 유아들 끼리 다치지 않도록 유의한다.
- 교사는 장구나 북으로 긴장감을 준다.

3 가을

1. 송편 만들기

♣ 활동목표

- 우리나라의 고유음식을 안다.
- 추석에 먹는 음식이란 것을 안다.
- 논리적인 사고가 형성이 된다.
- 자신이 만든 것을 먹어 보면서 자신감과 성취감을 갖는다.
- 소근육 발달에 도움을 준다.

♣ 준비물

쌀가루, 물, 송편 속(콩, 깨, 밤), 솔잎, 소금

♣ 활동방법

- 추석 즈음에 활동을 계획한다.
- 쌀가루가 어떻게 하면 뭉칠 수 있을까 이야기한다.
- 반죽을 만들어 유아에게 적당한 양을 나누어 준다.
- 유아가 넣고 싶은 속을 넣도록 한다.
- 예쁘게 모양을 만든다.
- 준비된 찜통에 송편을 찐다.
- 자신이 만든 것을 먹고, 추석에 대해 이야기 나누기로 활동을 마무리한다.

송 편

세마치장단

2. 강강술래

♣ 준비물

강강술래 CD, 장구 혹은 북, 색테이프

♣ 활동목표

- 전통 예술 놀이를 통하여 표현력을 높인다.
- 함께 하는 놀이를 통하여 협동심을 기른다.
- 서로를 배려하면서 사회성을 높인다.
- 놀이를 통하여 신체 발달을 돕는다.

♣ 활동방법

- 강강술래 노래를 들어 본다.
- 강강술래의 유래에 대하여 이야기 나눈다.
- 강강술래 노래를 불러 본다.
- 노래가 익숙해지면 강강술래 대열로 둥글게 원을 그리며 손을 잡고 선다.
- 음악에 맞추어 몸을 움직여 본다.
- 강강술래의 노래에 맞추어 한쪽 방향으로 돈다.
- 바닥에 미리 선을 긋고, 그어진 선대로 움직인다.
- 유아들이 박자에 맞추어 움직일 수 있도록 교사는 북이나 장구의 속도를 느리게 연주하다가 점점 빠르게 연주한다.
- 바닥에 여러 모양의 선을 준비한다.

♣ 유의점

- 유아들이 넘어지지 않도록 유의한다.

강강술래

굿거리장단
전라도민요
강 가 앙 수우 울 래 강 가 앙 수우 울 래
달 떠 온 다 달 떠어 온 다 강 가 앙 수우 울 래
저 기 저 기 저 다알 속 에 강 가 앙 수우 울 래
우 리 이 마아 으 으을 달 떠어 온 다 강 가 앙 수우 울 래
우 리 이 소오 워 어언 빌 어어 보 세 강 가 앙 수우 울 래
자진모리
강 가 앙 수울 래 강 가 앙 수울 래
뛰 어 보 세에 뛰 어 나 보 세 강 가 앙 수울 래
욱 신 욱 시인 뛰 어 나 보 세 강 가 앙 수울 래

손 에 손 으을 꼭마앗 잡 고 강 가 앙 수울 래
강 강 술 래 로 뛰 어 나 보 세 강 가 앙 수울 래
강 가 앙 수울 래 강 가 앙 수울 래
술 래 술 래에 강 강 술 래 강 가 앙 수울 래

3. 산가지 놀이

♣ 활동목표

- 소근육을 발달시켜 신체 조절 능력을 키운다.
- 수의 기초 개념을 익혀 논리 수학적 사고를 높인다.
- 손과 눈의 협응력을 기른다.

♣ 준비물

길이 20cm의 나뭇가지 20개 정도

♣ 활동방법

- 야와 활동할 때 적당한 나뭇가지를 주어 온다.
- 놀이에 참여할 유아들이 순서를 정한다.
- 산가지를 모두 모았다가 바닥에 적당히 흩어지게 놓는다.
- 한 명씩 앞으로 나와 가지를 한 개씩 집어가는데 다른 가지를 건드리면 가져 갈 수 없고 다음 유아에게 순서가 넘어 간다.
- 바닥에 가지가 모두 없어지면 게임은 끝이 난다.
- 각자 자기가 가져간 나뭇가지를 세어 나뭇가지의 수가 많은 유아가 이긴다.

♣ 유의점

- 결과에 집착하지 않도록 한다.
- 너무 길거나 두꺼운 나뭇가지는 사용하지 않는다.
- 연령이 높은 유아는 젓가락을 사용해도 된다.

4. 덕자 몰자, 덕석 풀자

♣ 활동목표

- 전통놀이 강강술래를 안다.
- 협동심을 기른다.
- 리듬에 맞춰 신체활동을 한다.

♣ 준비물

노래가사판 (덕석 몰자, 진도 강강술래), CD플레이어

♣ 활동방법

- '덕석몰자' 노래의 가사를 알아본다.
- 유아들이 원을 만들어 다함께 손을 잡고 노래를 부르며 신체활동을 한다.
- 원을 열어 덕석을 말았다가 풀어서 다시 원을 만든다.
- 원을 다 말았을 때 교사는 메기는 소리로 '강강술래' 를 불러 새로운 놀이의 시작을 알린다.
- 유아는 교사의 메기는 소리에 따라 잡은 손을 놓고 우리 춤의 손동작을 하다가 다시 손을 잡고 풀어나간다.

♣ 유의점

- 교사는 유아들이 노래를 부르며 흥을 돋구어 활동이 익숙해 질 수 있도록 도와준다.

덕석몰이

자진모리장단

강강술래놀이 중에서

5. 줄다리기

♣ 활동목표

- 집단생활을 통하여 협동심과 사회성을 기른다.
- 대근육 발달을 돕는다.

♣ 준비물

튼튼한 줄 또는 밧줄, 북

♣ 활동방법

- 밧줄의 중앙을 표시하여 바닥에 일자로 놓는다.
- 밧줄의 중앙을 중심으로 두 편으로 나누어 2열 종대로 마주 선다.
- 줄을 잡자는 신호와 함께 줄을 잡고 일어선다. 이때 힘을 주지 않는다.
- 시작 신호와 함께 줄을 자기편으로 잡아당긴다.
- 나머지 유아들은 응원을 한다.
- 교사는 유아들이 박자를 맞출 수 있도록 북으로 박자를 맞추며 응원을 한다.
- 일정 시간 동안 줄을 자기편으로 많이 잡아당긴 팀이 이긴다.

♣ 유의점

- 유아들이 넘어지지 않도록 유의한다.
- 잡아당기는 시간이 너무 길지 않도록 한다.

6. 달두 달두 밝다

♣ 활동목표

- 노래에 적절한 장단을 익힌다.
- 노래를 부르며 장구를 연주할 수 있다.

♣ 준비물

새노래 가사판, 장구, 피아노

♣ 활동방법

- 새노래 '달두 달두 밝다'를 소개한다.
- 피아노 소리에 맞춰 노래를 들어 본다.
- 가사의 내용을 알아보고 한 소절씩 따라서 불러 본다.
- 교사가 노래에 어울리는 장구 장단을 들려준다.
- 장구 장단에 맞춰 노래를 다시 불러 본다.
- 피아노 소리와 장구 소리에 대한 느낌을 비교해 본다.
- 노래마다 어울리는 장구장단이 있다는 것을 소개한다.

7. 잠자리 꽁꽁 I

♣ 활동목표

- 게임을 통하여 규칙을 이해한다.
- 대집단 활동을 통해서 사회성을 높인다.

♣ 준비물

장구 또는 북

♣ 활동방법

- 잠자리 꽁꽁 노래를 익힌다.
- 노래가 익숙해지면 자리에서 일어선다.
- 잠자리 팀과 친구들 팀으로 두 팀으로 나눈다.
- 잠자리 팀은 가운데 자유롭게 선다.
- 친구들 팀은 잠자리 팀의 둘레에 원을 그리며 손을 잡고 선다.
- 잠자리 꽁꽁 노래를 부르다가 꽁꽁에서 잠자리 팀의 유아가 멈춘다.
- 친구들 팀은 꽁꽁에서 움직이는 유아를 잡는다.
- 정해진 수의 유아가 잡히면 벌칙을 준다.
- 게임이 끝이 나면 서로 역할을 바꾸어 한다.
- 놀이의 속도를 위하여 교사는 장단을 쳐 준다.

♣ 유의점

- 꽁꽁에서 멈추는 시간을 적절히 한다.

잠자리

한국어린이육영회 채보
전래동요

자진모리장단

8. 잠자리 꽁꽁 Ⅱ

♣ 활동목표

• 놀이를 통하여 유아의 표현력을 높인다.
• 유아의 친밀감을 높인다.
• 전래동요를 익힌다.

♣ 준비물

장구, 노래 CD

♣ 활동방법

• 가을철의 곤충에 관하여 이야기를 나눈다.
• 잠자리 꽁꽁 노래를 익힌다.
• 모두 일어나서 잠자리를 표현한다.
• 5명 정도의 유아가 일어나서 잠자리를 표현하며 날아다니고 나머지의 유아는 바닥에 앉아서 잠자리 꽁꽁 노래를 부른다.
• "이리 오면 살고"에서 잠자리 유아는 앉아 있는 유아 중 아무나 치고 다시 돈다.
• "저리 가면 죽는다"에서 잠자리 유아가 벽에 붙는다.
• 1부터 5까지 세는데 그 동안 전에 손으로 쳤던 유아가 나와서 다섯을 셀 동안 벽에 붙은 유아를 벽에서 뗀다.
• 잠자리를 벽에서 떼지 못한 유아와 잠자리를 다섯 셀 동안 떼러 나오지 못한 유아가 다시 잠자리가 된다.

♣ 유의점

• 벽에서 유아를 뗄 때 유아가 다치지 않도록 유의한다.
• 교사는 잠자리를 모두 할 수 있도록 유의한다.
• 규칙을 잘 지킬 수 있도록 한다.

잠자리 꽁꽁

국립국악원 채보
전래동요

자진모리장단

9. 잼잼, 곤지곤지, 짝짜꿍

♣ 활동목표

- 신체 접촉을 통하여 정서 발달과 사회성 발달을 돕는다.
- 우리음악의 장단과 선율을 자연스럽게 익힌다.
- 유아의 운동기능을 높인다.

♣ 준비물

장구

♣ 활동방법 1

- 익숙한 노래인 잼잼, 곤지곤지, 짝짜꿍을 불러 본다.
- 두 명씩 유아들이 마주 본다.
- 잼잼은 두 명의 유아가 마주 보고 앉아 양 손가락을 마주 끼고 꼭꼭 쥔다.
- 곤지곤지는 한 명의 유아는 검지 손가락을 세우고 다른 유아의 손바닥을 누른다.
- 한 번씩 반복한다.
- 짝짜꿍은 자신의 손바닥을 한 번 치고 친구의 손바닥을 한 번 친다.

♣ 활동방법 2

- 4~5명 정도의 유아가 등을 보고 앉는다.
- 잼잼 노래를 하면서 서로의 어깨를 박자에 맞추어 주무른다.
- 곤지곤지는 친구의 등을 손가락으로 콕콕 누른다.
- 짝짜꿍은 친구의 등을 손바닥으로 친다.
- 모두 뒤로 돌아서 다른 친구에게 다시 한 번 한다.

잼잼, 곤지곤지, 짝짜쿵

[잼잼]

[곤지곤지]

[짝짜쿵]

10. 종이 비행기

♣ 활동목표

- 종이접기를 통하여 소근육 발달을 돕는다.
- 신체 조절 능력을 키운다.

♣ 준비물

못 쓰는 전단지, 색종이

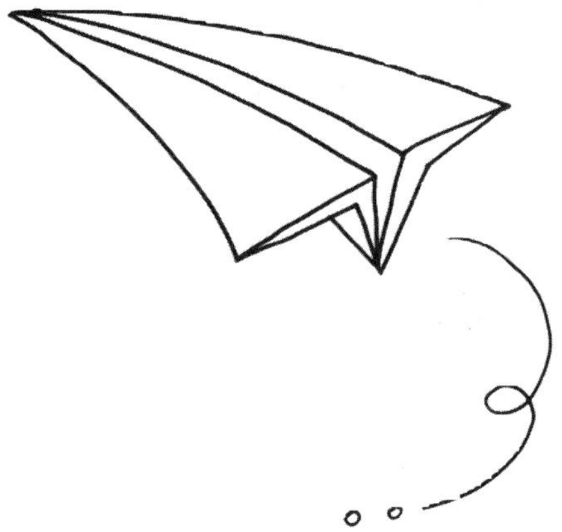

♣ 활동방법 1

- 못 쓰는 전단지를 활용하여 종이비행기를 접는다.
- 종이비행기를 갖고 밖으로 나간다.
- 종이비행기를 하늘을 향해서 던진다.
- 가장 멀리 날아간 유아가 이긴다.

♣ 활동방법 2

- 출발선과 도착선을 그어 놓는다.
- 3~4명 정도의 유아가 자신이 접은 종이비행기를 들고 출발선에 선다.
- 신호에 따라서 도착선을 향해 종이비행기를 날린다.
- 종이비행기가 멈춘 점에 유아들이 달려와서 선다.
- 그 곳에서 다시 비행기를 도착선을 향해 던진다.
- 도착선에 도착할 때 까지 계속 반복한다.
- 도착선에 먼저 도착한 유아가 이긴다.

♣ 유의점

- 놀이에 참여한 유아들이 함께 놀이를 할 수 있도록 규칙을 잘 지킨다.
- 상대방의 비행기를 던지지 않도록 한다.

11. 빠르게, 느리게

♣ 활동목표

- 점점 빠르게와 점점 느리게의 개념을 익힐 수 있다.
- 속도의 변화를 몸으로 느낄 수 있다.

♣ 준비물

장구 또는 북

♣ 활동방법

- 교사가 북 또는 장구를 점점 빠르게 두드리면 유아들은 소리의 속도에 맞추어 제자리걸음 또는 손뼉을 친다.
- 반대로 점점 느리게 속도를 조정하여 유아를 움직일 수 있도록 한다.
- 교사는 빠르게와 느리게를 다양하게 섞어서 연주를 하고 유아들이 그 속도에 맞추어 제자리걸음 또는 손뼉을 칠 수 있도록 한다.

♣ 유의점

- 이론 보다는 몸으로 리듬을 익힐 수 있도록 하는 것에 중점을 둔다.

𝅗𝅥 𝅗𝅥 / 𝅗𝅥 𝅗𝅥

♩ ♩ ♩ ♩ / ♩ ♩ ♩ ♩

♪♪♪♪♪♪♪♪ / ♪♪♪♪♪♪♪♪

12. 어깨동무

♣ 활동목표

• 전신 운동으로 신체발달을 돕는다.

• 유아들의 협동심을 기른다.

• 리듬감각을 익힌다.

♣ 준비물

노래 CD

♣ 활동방법

• 노래를 듣고 익힌다.

• 씨동무에서 1박자씩 손뼉을 친다.

• 처음에는 2~3명 정도의 유아가 어깨동무를 하고 노래를 부르며 걷다가 씨동무에서 자리에 멈추어 앉는다.

• 한 바퀴를 돌고 나면 또 다른 유아가 어깨동무에 합류한다.

• 어깨동무를 한 유아의 수를 점점 늘리면서 여러 번 한다.

• 노래를 부르며 하거나 음악 CD를 듣고 한다(씨동무 부분에서 앉는 것은 동일하다).

♣ 유의점

• 박자를 지키지 않으면 줄이 어그러지므로 박자에 유의한다.

• 어깨동무에 힘을 너무 주지 않도록 한다.

• 노래를 부를 때와 부르지 않을 때의 박자에 유의한다.

어깨동무

자진모리장단 전래동요

13. 풍 년 가

♣ 활동목표

- 우리 민요를 통하여 민족의 공동체의식을 이해한다.
- 굿거리장단을 익힌다.

♣ 준비물

풍년가 노래 CD, 장구, 소고

♣ 활동방법

- 풍년가 노래를 배운다.
- 노랫말을 이해한다.
- 교사는 장구의 장단을 치며 노래를 부른다.
- 유아는 소고를 이용하여 장단을 치며 노래를 부른다.
- 유아를 두 편으로 나누어 한 편의 유아는 소고로 장단을 쳐 주고 다른 유아는 노래를 부른다.
- 바꾸어서 노래를 불러 본다.

♣ 유의점

- 풍년의 의미를 생각하여 즐겁게 노래를 부른다.
- 장단의 강약을 살려 연주한다.

장구	덩		기덕	쿵	더러	러러	쿵		기덕	쿵	더러	러러
소고	덩		덕덕	덩		덕덕	덩		덕덕	덩		덕덕

풍년가

굿거리장단

경기민요

14. 다섯 발 사방치기

♣ 활동목표

- 균형 감각과 신체 조절 능력을 발달시킨다.
- 대근육 발달을 돕는다.
- 집단놀이를 통하여 유아의 사회성 발달을 돕는다.

♣ 준비물

다섯 발 사방 그림, 넓적한 돌 여러 개

♣ 활동방법

- 야외 활동 시에 각자 넓적한 돌을 하나씩 주어 온다.
- 바닥에 다섯 발 사방치기 그림을 그린다.
- 유아 한 명이 나와 자신의 돌을 1발에 살짝 던져 놓는다. 이때 돌이 1발에 놓이지 않으면 다음 유아의 차례로 간다.
- 1발에 돌이 놓이면 1발을 뺀 나머지 발을 간다. 발 중에 한 발은 앵금질로 가고 두 발이 나란히 있는 발은 양발을 모두 내려 놓는다.
- 마지막 발에서 뒤로 돌아 오는데 올 때는 자신의 돌을 주어 온다. 이 때 선을 밟으면 다음 유아의 차례가 된다.
- 연령에 따라서 다섯 발 사방치기, 또는 여덟 발 사방치기를 할 수도 있다.

♣ 유의점

- 유아들이 규칙을 잘 이해하도록 한다.

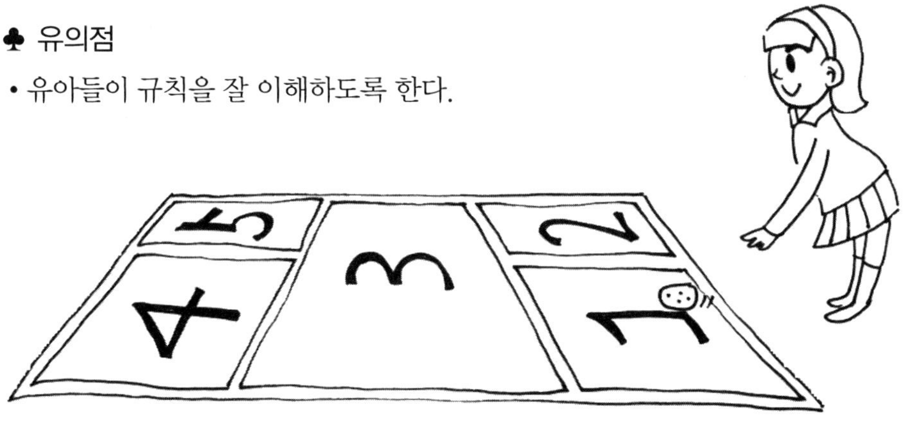

15. 나는 무슨 악기 일까요?

♣ 활동목표
- 집중력을 높인다.
- 악기에 대하여 흥미를 갖는다.

♣ 준비물
유아가 숨을 수 있는 가리개, 소고, 장구, 북, 징, 탬버린, 맬로디언 등의 악기

♣ 활동방법
- 가리개 뒤에 여러 악기를 놓아 둔다.
- 한 명의 유아가 가리개 뒤로 들어가 악기를 하나 고른다.
- 악기의 소리를 낸다.
- 나머지 유아들이 악기의 이름을 맞춘다.
- 한 번 소리를 들려주고 못 맞추면 두세 번 더 악기의 소리를 들려준다.
- 두세 번 소리를 들려주어도 모를 경우는 가리개 뒤에 있는 유아가 악기의 특징을 이야기하여 악기의 이름을 맞출 수 있도록 한다.
- 악기의 이름을 맞추면 악기를 들고 나와서 나머지 유아들에게 보여준다.
- 가리개 뒤에 있는 악기가 모두 나오면 유아들 모두 악기를 탐색할 수 있는 시간을 갖는다.

♣ 유의점
- 유아들이 소리에 집중할 수 있도록 주의를 조용하게 한다.
- 악기의 소리를 내는 유아는 소리를 분명하고 크게 낼 수 있도록 지도한다.

16. 탈 춤

♣ 활동목표

• 탈을 통하여 우리나라의 전통놀이 유래를 안다.
• 탈춤 노래를 익힌다.

♣ 준비물

두꺼운 종이, 고무줄, 색연필, 여러 종류의 탈 사진자료, 한삼, 탈춤 노래 CD

♣ 활동방법

• 탈춤 노래를 배워 본다.
• 여러 종류의 탈을 보여 준다.
• 탈의 유래에 관하여 이야기를 나눈다.
• 준비한 두꺼운 종이를 얼굴 크기에 맞게 오린다.
• 오려낸 종이에 자신이 생각한 탈의 모양을 그린다.
• 양 끝을 귀에 걸 수 있도록 고무줄로 맨다.
• 자신이 만든 탈을 써 본다.
• 탈춤 노래 CD를 틀고 마음대로 움직여 본다.
• 한삼을 끼고 교사의 지시대로 팔을 움직여 본다.
• 탈춤 노래 CD를 틀고 교사의 지시에 따라서 몸을 움직여 본다.
• 유아가 만들어낸 탈을 전시하여 둔다.

♣ 유의점

• 유아의 개성 있는 표현을 격려하여 준다.
• 한삼이 빠지지 않도록 손목을 잘 조여 준다.

탈춤놀이

정구성 작사
이성동 작곡

자진모리장단

산도들도 – – 덩실덩실 – – 하늘까지출렁출렁 – – – –
산도들도 덩실덩실 하늘까지 출렁출렁
한삼자락 – – 휘감으면 – – 탈춤놀이하여보자 – – – –
한삼자락 휘감으면 탈춤놀이하여보자
탈춤판을벌려보 자 탈춤놀이재미있 다
탈춤판을벌려보 자 탈춤놀이재미있 다
신 명 나게풀 어 놓 는 – – – 탈 춤 놀이한 – 마 당 – – –
우 리 가 락좋을씨 고 – – – – 우 리장 단좋을씨 고 – – – –
우 리 가 락좋을씨 고 – – – – 우 리장 단좋 을씨 고
신 명나 게풀 어놓 는 탈 춤 놀이한 – 마 당 – – – 탈 춤놀 이
– – – – 탈 춤 놀이한 – 마 당 – – – 탈 춤놀 이

17. 투호놀이

♣ 활동목표

- 신체 조절 능력을 키운다.
- 협응력을 발달시킨다.
- 수의 기초 개념을 익힌다.

♣ 준비물

화살, 화살통

♣ 활동방법

- 화살 여러 개와 화살 통을 두 개 준비한다.
- 유아들을 두 줄로 세운다.
- 놀이를 할 유아의 순서를 정한다.
- 처음의 유아 두 명이 준비된 선에 화살을 5개씩 들고 선다.
- 신호와 함께 화살을 하나씩 2~3m 앞의 화살통으로 던져 넣는다.
- 선을 밟거나 선 안으로 들어가면 실격이 된다.
- 5개의 화살을 모두 던진 뒤 화살통 안의 화살 개수를 세어 많이 넣은 유아가 이긴다.
- 단체 게임으로 할 경우는 두 팀으로 나누어 화살을 3개씩 던져 모든 유아가 끝나면 화살의 개수를 세어 화살의 수가 많은 팀이 이긴다.

♣ 유의점

- 화살을 들고 유아들이 장난을 치지 않도록 한다.
- 규칙을 잘 이해할 수 있도록 한다.

18. 까막잡기

♣ 활동목표

- 신체의 움직임을 통하여 대근육 발달을 돕는다.
- 게임의 규칙을 이해한다.

♣ 준비물

눈가리개, 테이프

♣ 활동방법

- 바닥에 유아들이 움직일 수 있는 충분한 공간의 원을 테이프로 그린다.
- 한 명의 술래를 정하여 눈을 가린다.
- 나머지 유아들은(8~10명 정도) 술래의 주변에 마음대로 선다.
- 신호와 함께 유아들은 손뼉을 치며 술래의 주변을 돈다.
- 유아들은 선 밖으로 나가지 않도록 한다.
- 술래는 손뼉 소리를 찾아 유아를 잡는다.
- 술래의 손에 닿거나 잡히면 술래가 바뀐다.
- 유아의 수에 맞도록 원을 적절히 그린다.

♣ 유의점

- 눈을 가린 유아가 넘어지지 않도록 유의한다.
- 다른 유아들이 선 밖으로 나가지 않도록 한다.

19. 둥개 둥개 둥개야

♣ 활동목표

• 전래동요를 통하여 정서적 안정감을 느낀다.
• 몸으로 표현함으로써 신체 발달을 돕는다.
• 자진모리장단을 알 수 있다.

♣ 준비물

장구, 소고, 노래 가사판

♣ 활동방법

• 둥개야 노래를 모두 함께 불러 본다.
• 둥개야 노래의 느낌을 이야기 나눈다.
• 둥개야 장단을 알아본다.
• 둥개야 노래의 느낌을 자신의 몸으로 표현한다.
• 둥개야 노래는 아기를 어를 때 사용한 노래라고 이야기를 해 준다.
• 마음 속으로 아기를 생각하며 노래를 불어 본다.
• 교사는 장구로 장단을 치고 유아들은 소고를 이용하여 장단을 치며 노래를 불러 본다.

둥개 둥개 둥개야

20. 닭 싸 움

♣ 활동목표

- 신체 발달을 돕는다.
- 단체 게임을 통하여 협동심을 기른다.
- 사회성을 높인다.

♣ 활동방법

- 10명 정도씩 두 팀으로 나눈다.
- 각 팀에서 한 명씩 나온다.
- 시작 신호와 함께 앞으로 나온 유아는 한 발을 들어 양손으로 잡는다.
- 두 명의 유아는 한쪽 발로 뛰면서 상대편 유아가 잡고 있는 다리를 놓치게 하거나 넘어뜨리면 이기는 게임이다.
- 경기를 하지 않는 유아는 자기 팀을 응원한다.
- 10명의 유아가 모두 경기를 마치면 이긴 유아가 많은 팀이 이기는 단체 게임이다.

♣ 유의점

- 오랜 시간 경기가 진행되지 않도록 한다.
- 몸의 체구가 비슷한 유아끼리 경기를 할 수 있도록 한다.
- 응원을 할 때에는 장구나 북을 사용하면 더욱 흥이 난다.

겨울 4

1. 윷놀이 I

♣ 활동목표

- 지적 능력과 협응력을 발달시킬 수 있다.
- 논리 수학적 사고를 높인다.
- 수의 기초 개념을 이해한다.
- 규칙을 이해한다.

♣ 준비물

윷가락, 말판, 깔개, 말(흑백)

♣ 활동방법

- 유아 3~4명 정도씩 한 팀으로 두 편으로 나눈다.
- 가위 · 바위 · 보로 먼저 팀을 정한다.
- 윷가락을 손에 모아 깔개 위로 던진다.
- 도, 개, 걸, 윷, 모의 결과에 따라 말판에 말을 쓴다.
- 상대편의 말을 잡거나 윷이나 모가 나오면 한 번 더 던진다.
- 잡힌 말은 처음으로 다시 되돌아가고, 말을 업어서 할 수 있다.
- 4개의 말이 모두 나오면 게임이 끝난다.

♣ 유의점

- 윷을 던질 때 유아가 맞지 않도록 주의한다.
- 말을 입에 넣지 않도록 한다.

2. 제기차기

♣ 활동목표

• 신체 조절능력을 키운다.
• 대근육의 발달을 돕는다.
• 전통놀이를 이해한다.

♣ 준비물

제기

♣ 활동방법

• 2명 이상 여러 명의 유아가 하는 놀이이다.
• 제기를 땅에 떨어뜨리지 않고 계속해서 발로 찬다.
• 땅에 제기가 떨어지면 다음 사람이 찬다.
• 가장 많이 찬 사람이 이긴다.
• 제기를 3회 이상 잡으면 실격된다.

♣ 유의점

• 발로 차는 놀이이므로 신발을 꼭 신어야 한다.
• 제기가 너무 무겁거나 가볍지 않아야 한다.

3. 대문놀이

♣ 활동목표

- 자진모리장단을 이해한다.
- 신체발달을 돕는다
- 사회성 발달을 돕는다.
- 규칙을 이해한다.

♣ 준비물

대문놀이 노래 악보, 노래 CD, 장구

♣ 활동방법

- 대문 놀이의 노래CD를 듣는다.
- 노랫말을 읽어 보면서 이야기를 나눈다.
- 유아들과 노래를 할 때 자진모리의 장단을 연주한다.
- 노래가 익숙하게 되면 놀이 활동을 한다.
- 두 명의 유아가 술래가 되어 손을 잡고 올린다.
- 나머지 유아들은 한 줄로 두 명의 유아 손 아래로 지나가면서 대문놀이 노래를 부른다.
- 마지막 소절인 "문을 닫는다"에서 술래인 유아들이 손을 내려 지나가는 유아를 잡는다.
- 두 명의 유아가 잡히면 잡힌 유아들이 술래가 된다.

♣ 유의점

- 자진모리장단을 유아의 발걸음에 맞추어 경쾌하게 연주한다.

대문놀이

자진모리장단

전래동요
강강술래 중에서

4. 널 뛰 기

♣ 활동목표

- 신체 발달을 돕는다.
- 성취감을 느낄 수 있다.
- 널뛰기의 유래를 안다.
- 협응력이 발달된다.

♣ 준비물

널을 뛸 수 있는 기다란 판, 작은 담요

♣ 활동방법

- 널판 양 끝에 40Cm되는 곳에 제한 선을 그어 준다.
- 널판 위에 올라선 유아들이 번갈아 뛰어 공중으로 올라갔다 내려갔다 한다.
- 널판 위에서 떨어지거나 제한선을 밟으면 실격이다.
- 발구르기를 할 때 박자를 잘 맞춘다.

♣ 유의점

- 유아가 떨어지지 않도록 처음에는 양쪽에서 손을 잡아 중심을 잡아 준다.
- 떨어져도 다치지 않도록 안전 매트를 깐다.

5. 윷놀이 Ⅱ

♣ 활동목표
• 놀이의 규칙과 질서를 이해한다.
• 사회성을 높인다.
• 기초적인 수의 개념을 안다.

♣ 준비물
말판, 윷 2개, 말 2개

♣ 활동방법
• 2~3명 정도의 유아가 두 편으로 나눈다.
• 순서를 정한다.
• 윷 두 개를 던져서 1개가 뒤집어지면 1칸을, 2개가 뒤집어지면 2칸을, 두 개 모두 뒤집어지면 3칸을 간다.
• 말이 윷판을 다 돌아서 먼저 들어오는 팀이 이긴다.

♣ 유의점
• 연령이 낮은 유아에게 적절한 게임이다.
• 윷판을 부드러운 것으로 준비해 던졌을 때 윷이 튀지 않도록 한다.
• 윷을 높이 던져 다치지 않도록 한다.

6. 맹 꽁

♣ 활동목표

• 반대의 개념을 안다.

• 어휘력을 향상시켜 언어발달을 돕는다.

• 휘모리장단을 익힌다.

♣ 준비물

맹꽁 노래 악보, 장구,

♣ 활동방법

• 준비한 맹꽁 노래 악보에 따라서 노래를 불러 본다.

• 휘모리장단을 연주하면서 노래를 부른다.

• 노랫말을 유아와 함께 바꾸어 불러 본다.

가벼우냐 매꽁 / 무겁다 맹꽁
추우냐 맹꽁 / 덥다 맹꽁

예쁜얼굴 맹꽁 / 미운얼굴 맹꽁
남자 맹꽁 / 여자 맹꽁

♣ 유의점

• 유아들이 소개 한 단어를 긍정적으로 받아들인다.

• 휘모리장단의 리듬을 흥겹게 연주한다.

맹 꽁

전래가사
이성천 작곡

휘모리장단

7. 군밤타령

♣ 활동목표

- 흥겨운 우리의 민요를 이해한다.
- 자진모리의 장단을 이해한다.

♣ 준비물

장구, 군밤타령 CD,

♣ 활동방법

- 군밤타령을 들어 본다.
- 교사의 지시에 따라서 한 소절씩 따라 부르면서 노래를 익힌다.
- 노래를 부를 때 교사가 자진모리장단 반주로 장구를 연주한다.
- 노랫말에 유아의 이름을 넣어서 불러도 좋다.

♣ 유의점

- 계절에 맞게 부르는 곡이므로 눈이 오는 날이 좋다.

군밤타령

자진모리장단 경기민요

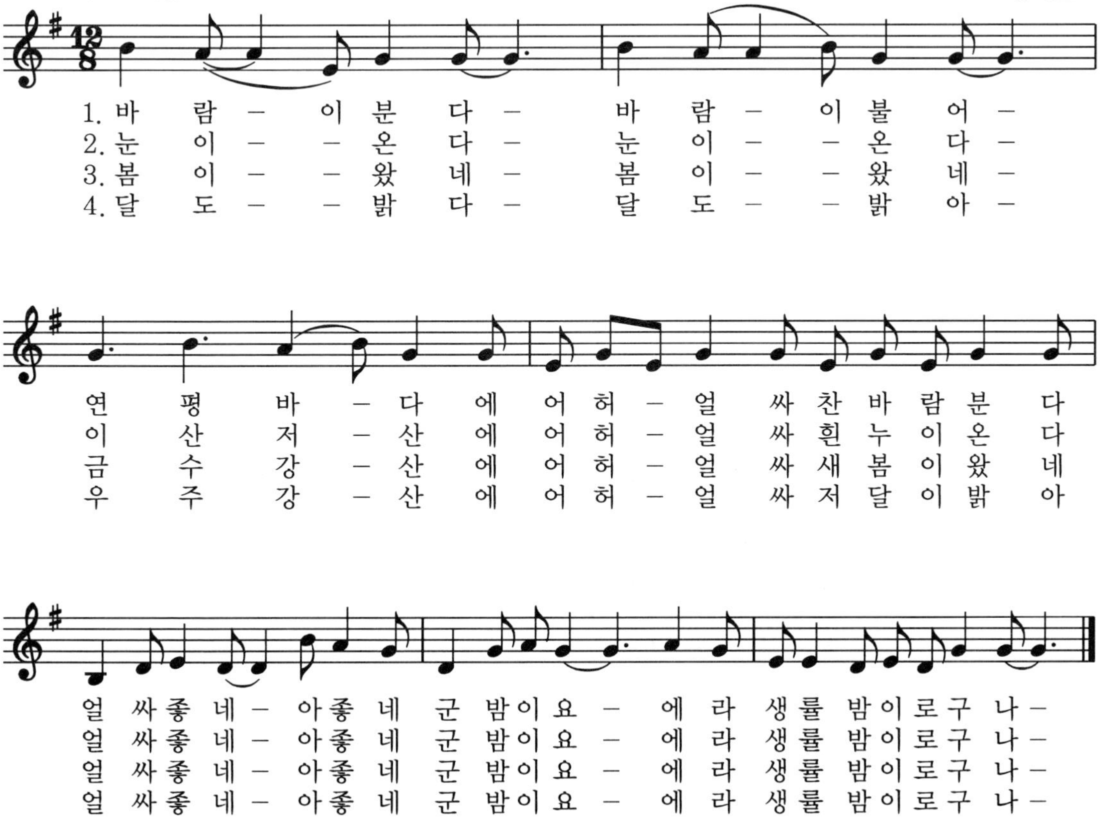

8. 이거리 저거리 각거리

♣ 활동목표

- 순서에 대한 개념을 이해한다.
- 신체 접촉을 통해서 친밀감을 높인다.
- 게임의 규칙을 이해하면서 사회성을 높인다.

♣ 준비물

이거리 저거리 각거리의 노랫말 악보, 장구, 매트

♣ 활동방법

- 이거리 저거리 각거리의 노래를 들어 본다.
- 유아들도 함께 노래를 배워 본다.
- 노래가 익숙해지면 4~5명 정도의 유아가 마주 앉는다.
- 다리를 곧게 뻗는데 서로의 다리 사이사이로 다리를 끼운다.
- 술래와 벌칙을 정한다.
- 술래가 손으로 유아들의 다리를 하나씩 짚으며 간다.
- 다른 유아들 모두는 노래를 부른다.
- 노래 마지막에 지목되는 다리는 뺀다.
- 다리가 모두 없어질 때까지 반복한다.
- 마지막까지 남은 다리의 주인이 술래가 된다.
- 술래는 벌칙을 받는다.

이거리 저거리

자진모리장단

전래동요

9. 콩 받아라

♣ 활동목표
- 손과 눈의 협응력을 길러준다.
- 단체 놀이로 협동심을 길러준다.

♣ 준비물
공, 매트,

♣ 활동방법
- 넓은 매트 위에 8~10명 정도의 유아들이 둘러앉는다.
- 교사의 지시에 따라서 공을 주어야 할 유아에게 굴려 준다.
- 모든 유아들이 충분히 공을 잘 굴리는지 확인한다.
- 콩 받아라 노래를 들려주고 콩 또는 팥이 나오면 주고 싶은 친구에게 공을 굴려 준다.

♣ 유의점
- 공을 받지 못한 유아가 있는지 확인한다.
- 딱딱하지 않은 공을 선택한다.
- 노래를 빠르게 부르지 않도록 주의한다.

콩 받아라

자진모리장단

전래동요

10. 토끼의 꾀

♣ 활동목표

- 동물을 이해한다.
- 동화를 들으며 창의성을 높인다.

♣ 준비물

융판 동화, 장구

♣ 활동방법

- 동화를 그림과 함께 들려준다.
- 동화의 중간에 극적인 장면에서는 효과를 높이기 위하여 장구 소리로 강약과 빠르기를 적절히 사용한다(토끼가 뛰어갈 때, 가시덤불이 탈 때, 호랑이가 입을 데었을 때 등).
- 동화가 끝나면 이야기나누기를 한다.

- 토끼의 꾀 -

어느 추운 겨울날 토끼 한 마리가 산에서 호랑이를 만났어요.

" 토끼다! 내가 지금 마침 배가 고프니 너를 잡아먹어야겠다." 그 소리를 들은 토끼는 깜짝 놀랐어요. 토끼는 꾀를 내어 이야기했어요. "호랑이님 저를 먹기 전에 우선 제가 지금 먹으려고 준비한 떡부터 드시겠어요?" 호랑이는 떡이란 말에 군침이 돌았어요. 그래서 떡부터 먹고 토끼를 잡아먹기로 했어요. 호랑이가 물었어요.

" 떡은 어디 있지?"

그러자 토끼는 " 저를 따라오세요." 토끼는 먼저 깡충깡충 뛰어가 동그란 떡을 11개 주어 놓고 불을 지폈어요. " 꿀을 구해 올 테니 잠시만 기다리세요. 절대로 먼저 드시면 안 되요. 떡은 모두 10개거든요?" 토끼가 꿀을 가지러 간 사이 호랑이는 떡이 너무너무 먹고 싶어 떡을 세어 보았어요. 그런데 떡은 11개였어요. 호랑이는 하나쯤 자기가 먹어도 될 것 같았어요. 그래서 호랑이는 낼름 돌떡을 하나 삼켰어요. 그런데 호랑이는 너무 뜨거워 깜짝 놀랐어요. 창자가 다 타버리는 줄 알았어요.

그 후 며칠이 지났어요. 호랑이는 길을 가다 다시 토끼를 만났어요. “ 네 이놈 지난번에 나를 속였지? 이번에는 꼭 너를 잡아먹고 말테다.” 토끼는 깜짝 놀랐어요. 그때 토끼는 또 꾀를 내었어요. “ 호랑이님 지난번에는 정말 미안해요. 이번에는 정말 맛있는 참새를 많이 잡아 드릴께요”. 호랑이는 토끼에게 물었어요. “ 네가 날아다니는 참새를 어떻게 잡을 수 있느냐?” “ 훠이 훠이 몰아서 한 번에 잡지요! 제가 참새를 몰아 올 테니 호랑이님은 저 가시덤불 속에서 입만 벌리고 앉아 계세요.” 호랑이는 토끼가 시키는 대로 가시덤불 속에서 입을 크게 벌리고 앉았어요. 토끼가 호랑이에게 다시 말했어요. “ 호랑이님 참새가 무서워할지도 모르니까 눈을 꼭 감으세요.” 호랑이는 가시덤불 속에서 입을 벌리고 눈을 꼭 감은 채로 앉아 있고 토끼는 그 사이 가시덤불 주의에 불을 붙였어요. 그러자 가시덤불은 타닥타닥 소리를 내며 타 들어갔어요. 호랑이는 그 소리가 참새가 오는 소리인줄 알았어요. 토끼는 훠이 훠이 소리를 내며 도망을 갔고 호랑이는 그만 불에 타 죽고 말았답니다.

11. 악기 소리를 녹음해요

♣ 활동목표
- 자신이 연주한 소리를 들어 봄으로 자신감을 갖는다.
- 녹음기의 조작으로 과학적 탐구심을 높인다.
- 국악기의 다양한 소리를 듣는다.

♣ 준비물
녹음기, 장구, 북, 징, 꽹과리, 소고, 탬버린, 피아노 등

♣ 활동방법
- 교사는 미리 유아들의 자유놀이 시간에 소리를 녹음해 둔다.
- 녹음기의 특징과 역할을 이야기한다.
- 유아들의 노는 소리를 들려준다.
- 여러 악기를 보여주고 연주하는 방법을 이야기한다.
- 한 명씩 유아들이 나와서 연주하고 싶은 악기를 고른다.
- 유아가 연주를 시작하면 교사는 녹음을 한다.
- 모든 유아들이 녹음을 마치면 녹음한 소리를 재생시킨다.
- 유아들은 어떤 악기의 소리인지를 맞춘다.
- 자신의 소리가 나오면 연주자는 일어선다.
- 나머지 유아들은 연주가 끝나면 박수를 쳐 준다.

♣ 유의점
- 연주 시간을 2분~3분 정도로 조절한다.
- 국악기와 양악기를 구분해 본다.
- 악기들의 차이점을 이야기한다.

12. 꿩꿩 장서방

♣ 활동목표

• 가족의 구조를 안다.
• 전통 이름을 통하여 언어능력이 발달된다.
• 생물을 이해하여 과학적 탐구심을 높인다.
• 자진모리장단을 이해한다.

♣ 준비물

꿩꿩 장서방의 노래 악보, 꿩 그림 자료, 장구

♣ 활동방법

• 꿩의 특성에 대하여 이야기 나눈다.
• 꿩의 다른 말들에 대하여 알아본다.
숫꿩을 장끼, 암꿩은 까투리, 여기에서 장서방은 숫꿩을 가리킨다.
• 녹음된 노래를 들어 본다.
• 가사의 내용을 유아들과 이야기 나눈다.
• 유아들이 가사의 내용을 이야기할 때 준비한 자료를 보여 준다.
• 노랫말을 다른 동물이나 친구들의 이름을 넣어 다양하게 바꾸어 부른다.

♣ 유의점

• 유아들이 생각할 수 있도록 자진모리장단을 천천히 연주한다.
• 유아들의 발표를 존중하고 긍정적으로 반응한다.

꿩꿩 장서방

♩. = 72-84 자진모리장단

전래동요

13. 연날리기

♣ 활동목표

- 국악 동요를 배운다.
- 휘모리장단을 안다.
- 전통놀이에 대하여 이해한다.

♣ 준비물

장구, 연날리기 노래 악보, 노래 CD, 연날리는 사진자료, 연

♣ 활동방법

- 휘모리장단의 연날리기 창작국악 동요를 듣는다.
- 연날리는 사진자료를 본다.
- 노랫말을 보고 연날리기 노래를 배운다.
- 연을 보여 준다.
- 날씨에 따라서 밖으로 나가 연을 날려 본다.

♣ 유의점

- 날씨에 주의한다.
- 적절하게 바람이 부는 날이 좋다.
- 연의 끈을 너무 길지 않도록 조절한다.

연날리기

권연순 작사
한수성 작곡

14. 고사리 끊자

♣ 활동목표

- 놀이나 활동에 적극적으로 참여하여 사회성을 높인다.
- 친구들과의 상호작용으로 친구의 소중함을 안다.
- 생물에 대한 관심을 갖고 과학적 탐구심을 높인다.

♣ 준비물

노래 악보, 장구, 노래 CD

♣ 활동방법

- 고사리에 대하여 이야기를 나눈다.
- 고사리 끊자 노래를 들어 본다.
- 유아들이 따라 부르며 노랫말을 익힌다.
- 노래가 익숙하면 두 집단으로 나누어 노래를 부른다.
- 두 집단으로 나누어진 유아들이 둥글게 둘러앉는다.
- 두 팀에서 한 명씩의 유아가 일어서고 나머지 유아는 손을 잡고 앉는다.
- 일어선 유아는 친구들이 잡은 손을 넘어 시계 반대 방향으로 돌아간다.
- 다 돌고 나면 유아는 자리에 앉아 친구의 손을 잡고 그 다음의 유아가 일어나서 돈다.
- 먼저 다 돌아온 팀이 이긴다.

♣ 유의점

- 친구의 손을 넘을 때 다치지 않도록 유의한다.
- 너무 빨리 뛰어가지 않도록 교사는 자진모리장단을 연주하여 유아들이 장단에 맞추어 뛸 수 있도록 한다.

고사리 끊자

자진모리장단

전래동요

15. 스케이트를 타요

♣ 활동목표
- 신체 발달을 돕는다.
- 국악 장단의 구음을 이해한다.
- 자유로운 표현 방법으로 창의성을 높인다.

♣ 준비물
구음판, 색테이프, 양말

♣ 활동방법
- 겨울철 얼음 위에서 탈 수 있는 것에 대하여 이야기 나눈다.
- 스케이트 타는 동작을 자유롭게 표현해 본다.
- 왼발은 쿵, 오른발은 따, 함께 구르면 덩을 알리는 구음판을 바닥에 놓는다.
- 준비된 구음판 위로 스케이트를 타듯이 미끄러지면서 간다.
- 두 팀으로 나누어 선다.
- 시작이 되면 출발선에서 구음을 부르며 도착점까지 간다.
- 두 명씩 해도 좋고 릴레이 형식으로 하여도 좋다.

♣ 유의점
- 유아들이 잘 미끄러질 수 있도록 양말을 신는다.
- 마루바닥에서 한다.

16. 소고를 만들어 보아요

♣ 활동목표

- 우리나라의 전통악기를 안다.
- 소고의 특징을 안다.
- 소근육 발달을 돕는다.
- 자신이 만든 것을 연주하면서 자신감을 갖는다.

♣ 준비물

소고, 종이접시, 나무젓가락 2개, 테이프, 한지, 글루건, 색연필, 뽕뽕이

♣ 활동방법

- 종이접시 두 개로 오목한 부분을 마주 보이게 한다.
- 접시의 사이에 나무젓가락을 끼워 붙인다.
- 접시를 한지로 싼다.
- 소고의 중앙을 태극무늬로 그린다.
- 나머지 나무젓가락은 테이프로 잘 감는다.
- 테이프로 감은 뒤 뽕뽕이를 글루건을 이용하여 끝에 붙인다.
- 자신이 만든 소고를 치면서 박자에 맞추어 노래를 부른다.

♣ 유의점

- 태극무늬의 올바른 방향을 안다.
- 글루건을 유아가 만지지 못하도록 한다.

17. 남생아 놀아라

♣ 활동목표

• 동물에 관심을 갖고 탐구심을 높인다.
• 자진모리장단을 이해한다.
• 의성어와 의태어를 통해 언어의 능력을 높인다.

♣ 준비물

남생이 사진자료, 남생아 놀아라 악보, 장구, 가사판

♣ 활동방법

• 남생이란 동물에 대하여 이야기 나눈다.
(남생이는 거북이와 비슷하게 생긴 동물이다)
• 남생아 놀아라 노래를 듣는다.
• 노래가 짧으므로 유아도 장구의 장단을 연습하여 함께 연주해 본다.
• 노래가 익숙해지면 다른 동물을 넣어 그 동물의 특징을 노랫말에 넣어 본다.

호랑이 – 어흥 어흥, 개구리 – 개골 개골, 고양이 – 야옹 야옹
토끼 – 깡총 깡총, 강아지 – 멍 멍, 송아지 – 음메 음메

♣ 유의점

• 장구의 장단을 흥겹게 한다.
• 노래의 빠르기를 동물의 특징을 살려 다양하게 한다.
• 장구 대신 소고를 사용해도 좋다.

남생아 놀아라

자진모리장단

강강술래 중에서

18. 팥죽할멈과 호랑이

♣ 활동목표

- 동화를 들으며 유아의 정서 발달을 돕는다.
- 전통 음식을 이해한다.
- 굿거리장단을 이해한다.

♣ 준비물

융판동화, 장구, 소고

♣ 활동방법

- 동화를 들려준다.
- 반복되는 말인 "호랑이가 잡아먹는다니 에고 에고 어찌 할꼬"는 융판동화의 그림에 넣는다.
- 동화가 끝나면 다시 동화를 듣는데 이때 반복되는 말을 교사와 유아가 장단에 맞추어 주고받으면서 한다.

♣ 유의점

- 교사는 동화를 읽을 때 반복되는 말은 노래로 읽어 주어 유아들이 자신도 모르게 노래를 익힐 수 있도록 한다.
- 장단과 노래를 슬프게 표현한다.
- 굿거리장단의 특징을 살려 연주한다.
- 유아가 소고를 치면서 할 수도 있다.

- 팥죽할멈과 호랑이 -

박윤규 글

옛날 깊고 깊은 산 속에 팥죽할멈이 살았어.

맛난 팥죽을 팔팔팔 잘도 끓여서 팥죽할멈이야.

산밭에 아지랑이 아롱아롱 피어오르는 어느 봄날이었어.

팥죽할멈이 팥밭에서 김을 매는데 아 글쎄 집채만 한 호랑이가 어슬렁어슬렁 나타난거야.

"어흥 할멈을 꿀꺽 잡아먹어야겠다!"

할멈이 얼른 말했어.

"호랑아 나 죽는 건 괜찮지만 눈 내린 겨울날 너도 먹을 거 없을 때,

맛난 팥죽이나 실컷 먹고 나서 꿀꺽 나를 잡아먹으렴."

"아하 그게 좋겠구나. 어흥"

호랑이는 숲 속으로 사라졌어.

쨍쨍 여름이 지나고, 팔월 한가위 가을도 지나고, 펄펄 눈이 내려 산도 들도 새하얗게 덮인 동짓날이 되었어.

팥죽할멈은 커다란 가마솥에 팥죽을 팔팔팔 끓이면서 꺼이꺼이 울었어.

할멈의 울음소리가 온 집안을 울리니까 알밤 하나가 폴짝 폴짝 찾아왔어.

"할멈할멈 팥죽할멈 뭣 땜에 우는 거유?"

"이 팥죽 먹고 나면 호랑이가 잡아먹는다니"

"에고에고 어찌할꼬."

"맛난 팥죽 나 한 그릇 주면 못 잡아먹게 해 주지."

할멈이 척척척 팥죽 한 그릇을 퍼 주자

알밤은 후루룩 다 먹고는 아궁이 속에 쏙 숨었어.

그 다음엔 자라 한 마리가 엉금엉금 기어 왔어.

"할멈할멈 팥죽할멈 뭣 땜에 우는 거유?"

"이 팥죽 먹고 나면 호랑이가 잡아먹는다니"

"에고에고 어찌할꼬."

"맛난 팥죽 나 한 그릇 주면 못 잡아먹게 해 주지."

할멈이 척척척 팥죽 한 그릇을 퍼 주자
자라는 후루룩 다 먹고는 물동이에 풍덩 숨었어.

그 다음엔 물찌똥이 질퍽질퍽 들어 왔어.
"할멈할멈 팥죽할멈 뭣 땜에 우는 거유?"
"이 팥죽 먹고 나면 호랑이가 잡아먹는다니"
"에고에고 어찌할꼬."
"맛난 팥죽 나 한 그릇 주면 못 잡아먹게 해 주지."
할멈이 척척척 팥죽 한 그릇을 퍼 주자
물찌똥은 후루룩 다 먹고는 부엌 바닥에 벌렁 드러누었어.

그 다음엔 뾰족 송곳이 깡충깡충 뛰어왔어.
"할멈할멈 팥죽할멈 뭣 땜에 우는 거유?"
"이 팥죽 먹고 나면 호랑이가 잡아먹는다니"
"에고에고 어찌할꼬."
"맛난 팥죽 나 한 그릇 주면 못 잡아먹게 해 주지."
할멈이 척척척 팥죽 한 그릇을 퍼 주자
뾰족 송곳은 후루룩 다 먹고는 물찌똥 뒤에 슬쩍 숨었어.

그 다음엔 돌절구가 덜렁덜렁 걸어 왔어.
"할멈할멈 팥죽할멈 뭣 땜에 우는 거유?"
"이 팥죽 먹고 나면 호랑이가 잡아먹는다니"
"에고에고 어찌할꼬."
"맛난 팥죽 나 한 그릇 주면 못 잡아먹게 해 주지."
할멈이 척척척 팥죽 한 그릇을 퍼 주자
돌절구는 후루룩 다 먹고는 부엌 문 위에 숨었어.

어라, 이번엔 멍석이 데굴데굴 굴러왔어.

"할멈할멈 팥죽할멈 뭣 땜에 우는 거유?"

"이 팥죽 먹고 나면 호랑이가 잡아먹는다니"

"에고에고 어찌할꼬."

"맛난 팥죽 나 한 그릇 주면 못 잡아먹게
해 주지."

할멈이 척척척 팥죽 한 그릇을 퍼 주자

멍석은 후루룩 다 먹고는 부엌 앞에 주르륵 펼치고 누었어.

그 다음엔 지게가 겅중겅중 달려왔어.
"할멈할멈 팥죽할멈 뭣 땜에 우는 거유?"
"이 팥죽 먹고 나면 호랑이가 잡아먹는다니"
"에고에고 어찌할꼬."
"맛난 팥죽 나 한 그릇 주면 못 잡아먹게 해 주지."
할멈이 척척척 팥죽 한 그릇을 퍼 주자
지게는 후루룩 다 먹고는 마당 감나무 옆에 척 숨었어.

자 다음엔 누가 올까? 아뿔싸 저게 누구야.
드디어 집채 만한 호랑이가 저벅 저벅 쿵쿵 찾아왔네.
"어흥 팥죽도 먹고 할멈도 잡아먹으러 왔다."
"호랑아, 호랑아, 날씨가 너무 차니 아궁이에서 몸부터 녹여라."
"맞아 맞아 할멈 말이, 입이 얼어 먹지도 못하겠네."

호랑이가 어슬렁 어슬렁 부엌으로 들어가서 아궁이 불 앞에 앉았거든.

그때 아궁이 속에 숨어있던 알밤이 껍질을 펑 터뜨리며 튀어 올라 호랑이 눈에 박치기를 먹였어. “아이쿠 눈이야.”

호랑이는 물동이에 얼굴을 쳐 박았어. 그러자 자라가 코를 꽈작 깨물었어.

“아이쿠 내 코야.”

깜짝 놀란 호랑이는 뒤로 물러서다가 물찌똥에 줄떡 미끄러져서 벌러덩 쿵 넘어졌지.

그때 송곳이 발딱 일어서서는 “예끼 놈!”하며 호랑이 똥구멍을 콱 찔러 버렸어.

깜짝 놀란 호랑이가 펄쩍펄쩍 뛰어 도망가려니까 돌절구가 뚝딱 떨어졌어 머리를 맞은 호랑이는 “꽥” 소리를 지르며 나자빠졌지.

멍석이 잽싸게 호랑이를 둘둘 말아 버리니까, 지게가 호랑이를 덜렁 지고 겅중 겅중 달려가서는 깊고 깊은 강물에 풍덩 던져 버렸단다.

깊고 깊은 산골에 사는 팥죽할멈은 맛난 팥죽을 팔팔팔 잘도 끓여서 두루두루 나눠 주며 오래 오래 행복하게 살았단다.

아이구 무서워

굿거리장단

이명진 작사 · 작곡

19. 크리스마스

♣ 활동목표

- 크리스마스 캐롤을 배운다.
- 박자에 맞추어 악기를 두드리며 음악적 표현능력을 키운다.

♣ 준비물

장구, 소고 등, 캐롤 CD

♣ 활동방법

- 캐롤 CD를 듣는다.
- 노래를 함께 불러 본다.
- 교사는 장구를 유아는 소고를 준비한다.
- 노래를 모두 함께 부른다.
- 한 소절씩 번갈아 연주를 한다.

가사	울면	안	돼		울면	안	돼		산타	할아	버지	는	우는	아이	에	게
장구	덩	따	따	따					덩	따	따	따				
소고					덩	덩	덩	덩					덩	덩	덩	덩

♣ 유의점

- 즐거운 노래이므로 신나게 연주한다.
- 다른 여러 악기를 사용해도 좋다.

20. 얼음 땡

♣ 활동목표

- 신체 발달을 돕는다.
- 규칙을 이해한다.

♣ 활동방법

- 10명 정도의 유아들이 가위 · 바위 · 보로 술래를 정한다.
- 술래는 1부터 10까지를 세고 유아들을 잡으러 다닌다.
- 술래가 잡으러 오면 술래에게 잡히기 전에 도망가던 유아는 "얼음" 하고 외치며 그 자리에 멈춘다.
- 술래는 "얼음" 하며 외친 유아는 칠 수 없다.
- 멈춘 유아는 다른 유아가 와서 "땡" 하고 쳐 주면 자유롭게 다시 움직일 수 있으나, 그 전에는 움직일 수 없다.
- 술래에게 잡힌 유아가 다시 술래가 된다.
- 모든 유아가 얼음이면 술래를 뺀 다른 유아들이 다시 술래를 정하여 게임을 한다.

♣ 유의점

- 공간이 너무 넓으면 술래나 유아들이 많이 흩어지므로 적절한 선을 그어 주어도 된다.
- 뛰어다니다가 넘어지지 않도록 한다.

참고문헌

국립국악원(2000). 국악동요제 예성출판사

김순미, 윤선희(1999). 창의적 국악놀이 현대음악출판사

경기도 교육청(1997). 우리놀이 우리가락

박윤규(2006). 팥죽할멈과 호랑이 시공주니어

백창우(1999). 새로 다듬고 엮은 전래동요 보림

이대균(2001). 3, 4, 5세 유아를 위한 전통놀이 교육프로그램 양서원

이숙재(2006). 유아를 위한 놀이의 이론과 실제 창지사

장혜순(2005). 유아놀이의 이론과 실제

전송배, 모형오(2006). 유아국악교육 양서원

정성자(2002). 교육현장에 필요한 어린이 국악 작품집 창지사

정성자(2002). 어린이 국악 교육의 실제 창지사

조윤미(2005). 함께 즐기는 유아국악교육 창지사

허화평, 김관희(1995). 단소민요곡집 세광음악출판사

제 3 장

어린이 사물놀이

청령
(상쇠 혹은 수장구)

상　쇠 : 순령수

어린이 : 예이

상　쇠 : 각각치배 (○○○유치원에) 다 모였으면 일차 이차 단 삼차 끝에 행군 하랍신다.

어린이 : 예이

북 Solo

둥	둥		둥	둥		둥	둥	둥	……	
둥	둥		둥	둥		둥	둥	둥	……	따

일채

장구	덩	덩	덩	덩	……	따
꽹가리	갱	갱	갱	갱	……	갯
북	둥	둥	둥	둥	……	따
징	징	징	징	징	……	

⊙ 휘모리장단(2분박 4박 4/4)

장구	덩		덩		(쿵)	덕	(쿵)	
꽹가리	갱		갱		개	개	갱	
북	둥		둥		둥		둥	
징	징							

* ×4

휘모리로 몰다가 풀어 준다.

장구	덩덩덩	덩덩덩	……	……	……	……		딱
꽹가리	개개개	개개개	……	……	……	……		객
북	둥둥둥	둥둥둥	……	……	……	……		딱
징	징징징	징징징	……	……	……	……		

상쇠 : 장구 소리　덩 덩

상쇠 : 꽹과리는　갱 갱

상쇠 : 북소리는　둥 둥

상쇠 : 징소리는　지 잉 징

모두 함께 : 얼씨구　좋 다

장구	더덩		더덩		덩	따
꽹가리	개갱		개갱		갱	객
북	두둥		두둥		둥	따
징	징		징		징	

※ ×4는 4번 반복해서 친다.

※ (쿵)은 왼손을 넘겨서 채편을 친다.

⊙ 굿거리장단 (3분박 4박 12/8)

꽹과리 Solo

꽹가리	갱		개갱	갱	개개	개개	갱		개갱	갱	객	

장구	덩 덩		기덕 기덕	쿵 쿵	더러 더러	러러 러러	덩 덩		기덕 기덕	쿵 쿵	더러 따	러러
꽹가리	갱 갱		개갱 개갱	갱 갱	개개 개개	개개 개개	갱 갱		개갱 개갱	갱 갱	개개 객	개개
북	둥 둥			둥 둥			둥 둥			둥 둥	딱	
징	징 징											

＊ ×4

⊙ 세마치장단 (3분박 3박 9/8)

장구	덩 더 더	덩 덩		덩 덩 덩		덕 덕	쿵 쿵 따	덕 덕		×2
꽹가리	갱 개 개	갱 갱		갱 갱 갱		개 개	개 개 객	갱 갱		×2
북	둥 두 두	둥 둥		둥 둥 둥			둥 둥 따			×2
징	징 징 징									

＊ ×3

※ ×3는 3번 반복해서 친다.

※ ×2는 그 장단만 2회 반복.

⊙ 자진모리장단 (3분박 4박 12/8)

장구	덩 덩	덩		덩 덩			덩 덩		따 따	(쿵) (쿵)	따 따	
꽹가리	갱 개	갱		갱 갱			갱 갱		개 개	개 개	개 갱	
북	둥 둥			둥 둥			둥 둥			둥 둥		
징	징 징											

* ×4

장구	덩 따(궁)		따	궁 (궁)	궁 (궁)	따 따	궁 (궁)	궁 (궁)	따 따	궁 (궁)	따 따	
꽹가리	갱 개갱		개	개 개	개 개	갱 갱	개 개	개 개	개 개	갱 갱	갱 갱	
북	둥 둥			둥 둥			둥 둥			둥 둥		
징	징 징											

* ×4

장구	덩		따	(쿵)	따		덩		따	쿵	따	
꽹가리	갱		개	개	갱		갱		개	개	갱	
북	둥			둥			둥			둥		
징	징											

* ×4

장구	덩		따	(쿵)	따		덩		따	(쿵)	따	
꽹가리	갱		개	개	갱		갱		개	개	갱	
북	둥			둥			둥			둥		
징	징											

* ×4

장구	덩	덩	덩	덩	덩	덩
꽹가리	갱	갱	갱	갱	갱	갱
북	둥	둥	둥	둥	둥	둥
징	징					

장구	덩	덩		덩	덩		덩	따				
꽹가리	개	갱		개	갱		갱	객				
북	두	둥		두	둥		둥	따				
징	징											

⊙ 별달거리장단 (2분박 4박 4/4)

상 쇠 : 어 이 친구들

어린이 : 허이

상 쇠 : 오늘 같이 좋은 날에 신명나게 놀기만 하지 말고 저 하늘에 올라가 별이 나 한 번 따보세.

어린이 : 거 좋지

다함께 : 별 따세 별따세 하늘에 올라 별따세

장구	덩 쿵	덕	덩 (쿵)		(쿵) 쿵	덕 덕	(쿵) (쿵)		쿵 쿵	덕 덕	(쿵) (쿵)	덕 덕	(쿵) (쿵)	덕 덕	(쿵) (쿵)	
꽹가리	갱 갠	지	갱 갠		갠 갠	지 지	갱 갠		갠 갠	지 지	갠 갠	지 지	갠 갠	지 지	갱 갱	
북	둥 둥				둥 둥				둥 둥				둥 둥			
징	징 징				징				징 징							

* ×4

하늘 보고 별을 따고 땅을 보고 농사짓고

장구	덩		덩		(쿵)	덕	(쿵)		쿵	덕	(쿵)	덕	(쿵)	덕	(쿵)	
꽹가리	갱		갱		갠	지	갱		갠	지	갠	지	갠	지	갱	
북	둥				둥				둥				둥			
징	징								징							

올해도 대풍이요 내년에도 풍년일세

장구	덩		덩		(쿵)	덕	(쿵)		쿵	덕	(쿵)	덕	(쿵)	덕	(쿵)	
꽹가리	갱		갱		갠	지	갱		갠	지	갠	지	갠	지	갱	
북	둥				둥				둥				둥			
징	징								징							

달아 달아 밝은 달아 대낮같이 밝은 달아

장구	덩		덩		(쿵)	덕	(쿵)		쿵	덕	(쿵)	덕	(쿵)	덕	(쿵)	
꽹가리	갱		갱		갠	지	갱		갠	지	갠	지	갠	지	갱	
북	둥				둥				둥				둥			
징	징								징							

어둠 속의 불빛이 우리네를 비춰 주네

⊙ 어우름

상쇠 (메긴다)	장구, 북, 징 (받는다)	
갱 갱 갱	덩 덩 덩	×2
갱 갱	덩 덩	×4
갱	덩	×8

모두함께	덩 덩 덩 덩	덩 덩 덩 덩	×4

(점점 크게)

⊙ 휘모리장단 (2분박 4박 4/4)

장구	덩		덩		(쿵)	덕	(쿵)	
꽹가리	갱		갱		개	개	갱	
북	둥		둥		둥		둥	
징	징							

* ×4

장구	덩		따	따	(쿵)	덕	(쿵)	
꽹가리	갱		개	갱	개	개	갱	
북	둥		둥		둥		둥	
징	징							

* ×4

장구	덩		덩		(쿵)	덕	(쿵)	
꽹가리	갱		갱		개	개	갱	
북	둥		둥		둥		둥	
징	징							

* ×4

장구	덩	덩	덩		(쿵)	덕	(쿵)	
꽹가리	갱	갱	갱		개	개	갱	
북	둥		둥		둥		둥	
징	징							

장구	덩	덩	덩		(쿵)	덕	(쿵)	
꽹가리	갱	갱	갱		개	개	갱	
북	둥		둥		둥		둥	
징	징							

장구	덩	덩	덩		덩	덩	덩	
꽹가리	개	개	갱		개	개	갱	
북	둥		둥		둥		둥	
징	징							

장구	덩	덩	덩	덩	덩	덩	덩	
꽹가리	갱	갱	개	개	개	개	갱	
북	둥		둥		둥		둥	
징	징							

장구	덩		덩		(쿵)	덕	(쿵)	
꽹가리	갱		갱		개	개	갱	
북	둥		둥		둥		둥	
징	징							

* ×4

장구	쿵	따	쿵	따	쿵	따	(쿵)	따
꽹가리	갱	개	갱		개	개	갱	
북	둥		둥		둥		둥	
징	징							

* ×8

장구	쿵	따	(쿵)	따	쿵	따	(쿵)	따
꽹가리	개	개	갱		개	개	갱	
북	둥		둥		둥		둥	
징	징							

* ×8

장구	덩 더덩		덩 더덩		덩 덩	딱	덩	
꽹가리	갱 개갱		갱 개갱		갱 갱	객	갱	
북	둥 두둥		둥 두둥		둥 둥	따	둥	
징	징 징				징 징			

* ×4

⊙ 인사굿

인사말	감	사		감	사		감사	합	니	다			
장구	덩	덩		덩	덩		더덩	덩	덩	덩		따	
꽹가리	갱	갱		갱	갱		개갱	갱	갱	갱		객	
북	둥	둥		둥	둥		두둥	둥	둥	둥		따	
징	징			징			징						징

마지막 징을 치면서 모두 함께 인사

▣ 저 자 소 개 ▣

▣ 김옥경

〈학력 및 경력〉

동국대학교 생물학과 졸업
강원대학교 대학원 임학전공(석사)
중앙대학교 교육대학원 유아교육전공(석사)
경희대학교 생명과학부 대학원 생태학 전공(박사)
현, 경원대학교 생활과학대학 유아교육학과 교수
    경원유치원, 경원어린이집 설립자

〈저서 및 논문〉

21세기 교사를 위한 유아교육개론(공저, 태영출판사)
유아과학교육(태영출판사)
유치원 시설환경이 유아발달에 미치는 영향에 관한 조사연구
과학교육이 유아의 자아개념 형성에 미치는 영향에 관한연구
산화 후의 산림생태학적 연구
놀이 활동이 유아의 성격형성에 미치는 영향에 관한 연구
효율적인 유치원 운영관리에 관한연구
유치원 교육활동에 따른 유아의 산책활동에 관한 조사 연구 외 다수

▣ 이명진

〈학력 및 경력〉

한양대학교 국악과 졸업
세종대학교 교육대학권 유아교육과 졸업(석사)
경상북도 도립 국악관현악단 단원 역임
현, 경원대학교, 신흥대학 강사
(사) 한국아동국악 교육협회 연구원

국악교육을 통한 전통놀이 - 이론과 실제 -

초판 발행 2008년 2월 25일
재판 발행 2010년 2월 5일

저 자 김옥경 · 이명진
발행자 김 현 태
발행처 태영출판사

주 소 (157-705) 서울 구로구 구로동 104-10 동남오피스텔 201호
전 화 02-839-3757, 839-3752
팩 스 02-837-3754
등 록 2005. 5. 30. 제 12-421호
E-mail tys2005@paran.com

ISBN 978-89-91777-83-5 93370
값 14,000원

NAVER
태영출판사